■2025年度中学受験用

東京家政大学附属女子中学校

3年間スーパー過去問

●収録内容一覧

入試問題と解説・解答の収録内容

2024年度 １回特別奨学生	算数・社会・理科・国語 （国語のみ２回特別奨学生）
2023年度　２回	算数・社会・理科・英語・国語 （英語は解答のみで１回）
2022年度　２回	算数・社会・理科・英語・国語 （英語は解答のみで１回）
2022年度 ４回・適性検査型	適性検査Ⅰ・適性検査Ⅱ （解答のみ）

～本書ご利用上の注意～　以下の点について，あらかじめご了承ください。

★別冊解答用紙は巻末にございます。本書に収録している試験の実物解答用紙は，弊社サイトの各校商品情報ページより，一部または全部をダウンロードできます。

★編集の都合上，学校実施のすべての試験を掲載していない場合がございます。

★当問題集のバックナンバーは，弊社には在庫がございません（ネット書店などに一部在庫あり）。

合格を勝ち取るための『スーパー過去問』の使い方

本書に掲載されている過去問をご覧になって,「難しそう」と感じたかもしれません。でも,多くの受験生が同じように感じているはずです。なぜなら,中学入試で出題される問題は,小学校で習う内容よりも高度なものが多く,たくさんの知識や解き方のコツを身につけることも必要だからです。ですから,初めて本書に取り組むさいには,点数を気にしすぎないようにしましょう。本番でしっかり点数を取れることが大事なのです。

過去問で重要なのは「まちがえること」です。自分の弱点を知るために,過去問に取り組むのです。当然,まちがえた問題をそのままにしておいては意味がありません。

本書には,長年にわたって中学入試にたずさわっているスタッフによるていねいな解説がついています。まちがえた問題はしっかりと解説を読み,できるようになるまで何度も解き直しをしてください。理解できていないと感じた分野については,参考書や資料集などを活用し,改めて整理しておきましょう。

このページも参考にしてみましょう!

◆どの年度から解こうかな 「入試問題と解説・解答の収録内容一覧」

本書のはじめには収録内容が掲載されていますので,収録年度や収録されている入試回などを確認できます。

※著作権上の都合によって掲載できない問題が収録されている場合は,最新年度の問題の前に,ピンク色の紙を差しこんでご案内しています。

◆学校の情報を知ろう!! 「学校紹介ページ」

このページのあとに,各学校の基本情報などを掲載しています。問題を解くのに疲れたら息ぬきに読んで,志望校合格への気持ちを新たにし,再び過去問に挑戦してみるのもよいでしょう。なお,最新の情報につきましては,学校のホームページなどでご確認ください。

◆入試に向けてどんな対策をしよう? 「出題傾向&対策」

「学校紹介ページ」に続いて,「出題傾向&対策」ページがあります。過去にどのような分野の問題が出題され,どのように対策すればよいかをアドバイスしていますので,参考にしてください。

◇別冊「入試問題解答用紙編」

本書の巻末には,ぬき取って使える別冊の解答用紙が収録してあります。解答用紙が非公表の場合などを除き,(注)が記載されたページの指定倍率にしたがって拡大コピーをとれば,実際の入試問題とほぼ同じ解答欄の大きさで,何度でも過去問に取り組むことができます。このように,入試本番に近い条件で練習できるのも,本書の強みです。また,データが公表されている学校は別冊の1ページ目に過去の「入試結果表」を掲載しています。合格に必要な得点の目安として活用してください。

本書がみなさんの志望校合格の助けとなることを,心より願っています。

株式会社　声の教育社　編集部

東京家政大学附属女子中学校

所在地	〒173-8602 東京都板橋区加賀1-18-1
電　話	03-3961-0748（入試広報部）
ホームページ	https://www.tokyo-kasei.ed.jp
交通案内	JR埼京線「十条駅」より徒歩5分，JR京浜東北線「東十条駅」より徒歩13分，都営地下鉄三田線「新板橋駅」より徒歩12分

くわしい情報はホームページへ

トピックス

★国際バカロレア中等教育プログラム（MYP）の候補校に認定されました。
★例年，約半数の生徒が外部大学に進学しています。

創立年 明治14年 / 女子校 / 高校募集あり

応募状況

年度	募集数	応募数	受験数	合格数	倍率
2024	①40名	２科　44名	41名	23名	1.8倍
		４科　34名	26名	24名	1.1倍
	②25名	２科　91名	86名	69名	1.2倍
	②15名	適性　10名	9名	7名	1.3倍
	③25名	２科　45名	29名	23名	1.3倍
		４科　39名	19名	19名	1.0倍
	③10名	３科　9名	6名	6名	1.0倍
	④15名	算数　61名	29名	13名	2.2倍
	⑤15名	国語　98名	52名	34名	1.5倍
	⑥約5名	２科 109名	52名	47名	1.1倍

※合格数はスライド合格を含む
※③の３科は，国語・算数・英語（英語のみ面接あり）から高得点２科判定

入試情報（参考：昨年度）

【第１回】2024年２月１日午前
…２科（国算）または ４科（国算社理）
【第２回】2024年２月１日午後
…２科（国算）
または 適性検査Ⅰ・ⅡかⅠ・Ⅱ・Ⅲ
【第３回】2024年２月２日午前
…２科（国算）または ４科（国算社理）
または３科（国算と英検資格＋英語面接）
【第４回】2024年２月２日午後…算
【第５回】2024年２月３日午後…国
【第６回】2024年２月４日午前…２科（国算）
※合格発表（Web）は各回とも試験当日です。
※帰国生入試は2023年12月24日に実施（国算英から２科選択，作文，面接）。

編集部注―本書の内容は2024年4月現在のものであり，変更されている場合があります。正確な情報は，学校のホームページ等で必ずご確認ください。

本校の特色

建学の精神「自主自律」を目標に3つの「生活信条」の実践によって未来を創造し，世界で輝く女性を育みます。

愛情『幸福な生活を創造できる女性』

25歳の自分の理想像を描く「ヴァンサンカン・プラン」を通じて，「なりたい自分」に向かい，思いやりの心を持ち，幸福な生活を創造し，社会に貢献するしなやかな心を育みます。

勤勉『生涯学び続ける女性』

目的に向かって自ら学ぶ意欲を持つことが，自分自身を動かす原動力です。急激な変化を続ける現代社会で必要とされる新しい知識や技術を修得する。互いに学び合うアクティブ・ラーニング（協同学習）を通じ，生涯学び続ける姿勢が身につきます。

聡明『多文化共生社会で活躍できる女性』

多くの女性が学ぶ家政のキャンパス。未来を見つめるまなざしの強さに出会えます。異文化交流の機会を通して，多文化共生社会の中でグローバルな視点からお互いの価値観を理解し，互いに認め高め合う。家政で過ごす時間の中で，豊かな人間性・感性を磨きます。

算数 出題傾向&対策

◆基本データ(2024年度1回特別奨学生入試)

試験時間/満点	45分/100点
問題構成	・大問数…5題 計算問題1題(6問)/応用小問3題(12問)/応用問題1題 ・小問数…20問
解答形式	解答のみを記入する形式だが,途中式のらんがあり,考え方や計算を書くのに利用できる。
実際の問題用紙	A4サイズ,小冊子形式
実際の解答用紙	B4サイズ

◆出題傾向と内容

▶過去3年の出題率トップ3
1位:四則計算・逆算26% 2位:角度・面積・長さ10% 3位:場合の数6%
▶今年の出題率トップ3
1位:四則計算・逆算25% 2位:角度・面積・長さ15% 3位:調べ・推理・条件の整理10%

大問1の計算問題は基本的なものが中心です。くふうをするとかんたんに計算できるものもあります。

大問2以降の応用小問,応用問題の出題範囲ははば広く,数の性質,割合に関する問題,図形分野からは,角度・面積・体積・長さを求めるものがひんぱんに取り上げられています。そのほかに,グラフを読み取るもの,場合の数に関するものなどが出題されています。また,特殊算からもさまざまなものが出題されますが,いずれも基礎的なもので,複雑な問題はほとんどありません。

全体的に,基本的でかたよりのない試験です。

◆対策~合格点を取るには?~

計算力は算数の基本的な力です。標準的な計算問題集を一冊用意して,毎日5問でも10問でも欠かさずに練習すること。数量分野では,数の性質,規則性,場合の数などに注目しましょう。図形分野では,基本的な考え方や解き方をはば広く身につけ,さらに割合や比を使ってすばやく解けるようになること。また,グラフや表の問題は,速さ,水の深さの変化など,いろいろな形式に接し,グラフや表の読み取りに慣れておきましょう。特殊算は出題数が多いので,ひと通りの基本を習得しておいてください。

分野	年度	2024	2023	2022
計算	四則計算・逆算	●	●	●
	計算のくふう	○	○	○
	単位の計算			
和と差	和差算・分配算	○		
	消去算			
	つるかめ算	○		
	平均とのべ	○	○	○
	過不足算・差集め算			
	集まり			
	年齢算		○	○
割合と比	割合と比			
	正比例と反比例	○	○	
	還元算・相当算			
	比の性質	○		
	倍数算		○	
	売買損益	○	○	○
	濃度			
	仕事算			○
	ニュートン算			
速さ	速さ			○
	旅人算		○	
	通過算			○
	流水算			
	時計算			
	速さと比			
図形	角度・面積・長さ	●	◎	◎
	辺の比と面積の比・相似			
	体積・表面積	○	○	○
	水の深さと体積		○	
	展開図		○	○
	構成・分割			
	図形・点の移動			○
表とグラフ			○	○
数の性質	約数と倍数		○	○
	N進数			
	約束記号・文字式	○		
	整数・小数・分数の性質	○		
規則性	植木算			
	周期算			
	数列			
	方陣算			
	図形と規則			
場合の数			○	○
調べ・推理・条件の整理		◎	○	○
その他				

※ ○印はその分野の問題が1題,◎印は2題,●印は3題以上出題されたことをしめします。

出題傾向＆対策

◆基本データ（2024年度１回特別奨学生入試）

試験時間／満点	理科と合わせて45分／50点
問題構成	・大問数…５題 ・小問数…25問
解答形式	記号選択と用語の記入が大半をしめるが，記述問題も出されている。
実際の問題用紙	Ａ４サイズ，小冊子形式
実際の解答用紙	Ｂ４サイズ

分野		2024	2023	2022
日本の地理	地図の見方	★	★	★
	国土・自然・気候	○	○	○
	資源			
	農林水産業	○	○	○
	工業	○	○	○
	交通・通信・貿易			
	人口・生活・文化			
	各地方の特色	○		○
	地理総合			
世界の地理				
日本の歴史 時代	原始～古代	○	○	○
	中世～近世	○	○	○
	近代～現代	○	○	○
日本の歴史 テーマ	政治・法律史	○	○	○
	産業・経済史			
	文化・宗教史	○	○	★
	外交・戦争史			
	歴史総合	★	★	★
世界の歴史				
政治	憲法	○	○	○
	国会・内閣・裁判所	○	○	○
	地方自治	○	○	○
	経済			
	生活と福祉			
	国際関係・国際政治			
	政治総合			
環境問題		○		
時事問題				○
世界遺産				○
複数分野総合				

※　原始～古代…平安時代以前，中世～近世…鎌倉時代～江戸時代，近代～現代…明治時代以降

※　★印は大問の中心となる分野をしめします。

◆出題傾向と内容

●地理…地図やグラフをもとに，日本の国土，自然，気候，農業，水産業，工業，都道府県のようすや特色に関することがらなどが出題されています。これらの問題は，資料を使っていることが多いので，資料を読み取る力が必要とされます。また，地形図の読み取りや縮尺を用いて計算する問いも出題されています。

●歴史…写真や図などの史料をもとにして，それぞれの時代の文化や人物の業績についてや，史料に示された道具について説明する問題などが出題されています。また，略年表をもとにして，ある時代のできごとに関連した現在の都道府県名や，重要な政策に関する問題が出題されています。

●政治…日本国憲法や国会と内閣，裁判所の関係，地方自治などについての問題が出題されています。また，これらと関連付けて，直接請求権に関する表組や過去の選挙のようすを写した写真を読み取って答える問題なども出題されているので，注意が必要です。

◆対策～合格点を取るには？～

地理分野では，地図，グラフ，統計表が欠かせません。つねにこれらを参照しながら，白地図作業帳を利用して地形と気候をまとめ，そこから産業のようすへと広げていってください。なお，アメリカ合衆国や中国，韓国など日本とかかわりの深い国についても，まとめておくとよいでしょう。

歴史分野では，教科書や参考書を読むだけでなく，自分で年表をつくって覚えると学習効果が上がります。それぞれの分野ごとに記入らんをつくり，重要なことがらを書きこんでいきます。できあがった年表は，各時代，各分野のまとめに活用できます。

政治分野では，日本国憲法の基本的な内容，特に政治のしくみが憲法でどう定められているかを中心に勉強してください。また，国際連合のしくみや日本と世界とのつながりについてもふれておきましょう。

なお，環境問題や時事問題にからめた問題が出題される可能性もあるので，テレビ番組や新聞などでニュースを確認し，それにかかわる単元もふくめてノートにまとめておきましょう。中学受験用の時事問題集に取り組むのも効果的です。

理科　出題傾向＆対策

◆基本データ（2024年度1回特別奨学生入試）

試験時間／満点	社会と合わせて45分／50点
問題構成	・大問数…4題 ・小問数…28問
解答形式	記号選択や用語の記入に加えて，短文記述などもあり，バラエティに富んでいる。
実際の問題用紙	A4サイズ，小冊子形式
実際の解答用紙	B4サイズ

分野＼年度		2024	2023	2022
生命	植物		★	
	動物			
	人体	★		★
	生物と環境			
	季節と生物			
	生命総合			
物質	物質のすがた		★	○
	気体の性質			
	水溶液の性質	★		
	ものの溶け方	○		
	金属の性質			
	ものの燃え方			
	物質総合			
エネルギー	てこ・滑車・輪軸		★	★
	ばねののび方			
	ふりこ・物体の運動		○	★
	浮力と密度・圧力			
	光の進み方			
	ものの温まり方		○	★
	音の伝わり方			
	電気回路	○		
	磁石・電磁石	★		
	エネルギー総合			
地球	地球・月・太陽系			
	星と星座			
	風・雲と天候		★	
	気温・地温・湿度			
	流水のはたらき・地層と岩石	○		★
	火山・地震	★		○
	地球総合			
実験器具				○
観察				
環境問題				
時事問題				
複数分野総合				

※　★印は大問の中心となる分野をしめします。

◆出題傾向と内容

中学入試全体の流れとして，「生命」「物質」「エネルギー」「地球」の各分野をバランスよく取り上げる傾向にありますが，本校もその傾向をふまえ，各分野から出題されています。

●生命…でんぷんとだ液の実験，ヒトのからだのつくりとはたらき，インゲンマメのつくりと成長，光合成や蒸散のはたらきを調べる実験などが取り上げられています。

●物質…水のすがた，ものの溶け方，水溶液の性質に関する問題などについて出題されています。また，実験器具に関する問題も見られます。

●エネルギー…温度と体積変化，電流のはたらき，電磁石，電熱線の発熱と水の上昇温度，ふりこの運動，てこのつり合いなどが出されています。

●地球…地層と岩石，火山のふん火，地震による被害，風・雲と天候に関する問題，流れる水のはたらきに関する問題などが取り上げられています。

◆対策～合格点を取るには？～

各分野とも，基本的なことがらが身についていれば，じゅうぶんに合格点がとれる問題構成となっています。したがって，基礎をはば広く習得することを第一に考えていきましょう。

「生命」は，植物のつくりと成長，ヒトと動物のからだのつくりなどを中心に，ノートにまとめながら知識を深めましょう。また，環境問題もしっかりとおさえておきましょう。

「物質」については，気体や水溶液，金属などの性質に重点をおいて学習してください。そのさい，中和反応や濃度など，表やグラフをもとに計算する問題にも積極的に取り組むように心がけることが大切です。表の値をグラフに表す練習もしておきましょう。

「エネルギー」では，てこ，輪軸，ふりこの運動などについて，基本的な考え方をマスターし，さまざまなパターンの計算問題にチャレンジしてください。また，かん電池のつなぎ方，電磁石と方位磁針のふれ方や磁力の強さなども，学習計画から外すことのないようにしておきましょう。

「地球」では，天気と気温・湿度の変化，地層のでき方が特に重要なポイントです。また，太陽・月・地球の動き，季節と星座の動きもおさえておきましょう。

国語 出題傾向＆対策

◆基本データ（2024年度２回特別奨学生入試）

試験時間／満点	45分／100点
問題構成	・大問数…３題 文章読解題２題／知識問題１題 ・小問数…17問
解答形式	記号選択とぬき出しに加え，記述問題も見られる。記述問題には字数制限のあるものとないものがある。
実際の問題用紙	Ａ４サイズ，小冊子形式
実際の解答用紙	Ｂ４サイズ

◆出題傾向と内容

▶近年の出典情報（著者名）
説明文：外山美樹　吉田夏彦　斎藤　環
小　説：山本悦子　川上健一　吉野万理子

●説明文…内容一致，適語・適文補充，段落構成と役割，文脈理解，指示語の内容といったように，正確な内容の理解と要旨のはあくができているかをためす典型的な読解問題です。

●文学的文章…場面とできごと，心情とその変化・理由の読み取り，人物像，表現技法，言いかえの表現，文章中の語句の意味など，バラエティに富んだ設問構成になっています。

●知識問題…漢字の部首，類義語・対義語，二字熟語・三字熟語・四字熟語，慣用句・ことわざ，敬語，文法，文学作品の知識などが，ひとくふうされた形式で出題されています。

◆対策～合格点を取るには？～

読解力を養うには，いろいろなジャンルの本を読むことが第一です。しかし，ただ本を読むだけでは入試問題で高得点をあげることはできません。一冊の本を単に読み進めるのとちがって，入試では内容や心情の読み取りなどが細部にわたって質問されるうえに，似たような選択肢がいくつも用意されているからです。したがって，本を読むさいには，①指示語の指す内容，②段落・場面の構成，③人物の性格と心情などに注意しながら読み進めてください。

知識問題については，漢字の問題集を一冊仕上げること。また，ことわざや慣用句などについても，ノートにまとめるなどして覚えていきましょう。

分野		年度	2024	2023	2022
読解	文章の種類	説明文・論説文	★	★	★
		小説・物語・伝記	★	★	★
		随筆・紀行・日記			
		会話・戯曲			
		詩			
		短歌・俳句			
	内容の分類	主題・要旨	○	○	○
		内容理解	○	○	○
		文脈・段落構成	○	○	○
		指示語・接続語	○	○	○
		その他	○	○	○
知識	漢字	漢字の読み	○	○	○
		漢字の書き取り	○	○	○
		部首・画数・筆順		○	
	語句	語句の意味			
		かなづかい			
		熟語	○		○
		慣用句・ことわざ	○		
	文法	文の組み立て			○
		品詞・用法			
		敬語			
	形式・技法				
	文学作品の知識			○	
	その他				
	知識総合		★	★	★
表現	作文				
	短文記述				
	その他				
放送問題					

※　★印は大問の中心となる分野をしめします。

カコを追いかけ
ミライをつかめ
「今の説明、もう一回」を何度でも
web過去問
ストリーミング配信による入試問題の解説動画
もっと古いカコモンないの？
カコ過去問
「さらにカコの」過去問をHPに掲載（DL）

声の教育社

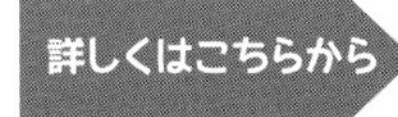
詳しくはこちらから

2024年度 東京家政大学附属女子中学校

※この入試は，算数・国語の２科目または算数・社会・理科・国語の４科目を選択して受験します。

【算　数】〈第１回特別奨学生入試〉（45分）〈満点：100点〉

〔注意〕・解答用紙の**2**～**5**には（途中式）の欄があります。（途中式）の欄は考え方や計算を書くのに利用して下さい。

・問題に使用されている図は正確にかかれているとはかぎりません。

1 次の計算をしなさい。

① $96 \div 6 + 2 \times 4$

② $47 \times 82 - 47 \times 72$

③ $1.5 \times 9 + 5.2 \div 0.8$

④ $\frac{13}{18} \times 3\frac{3}{7} \div 1\frac{11}{28} - \frac{1}{12} \times 9\frac{1}{3}$

⑤ $2.25 \times \frac{14}{27} \div 5\frac{5}{6} + 3.6 \times \frac{2}{45}$

⑥ $\left(2\frac{1}{4} \times 6 - 5.5\right) \div \left(2 - \frac{2}{5}\right)$

2 次の □ にあてはまる数を答えなさい。

① はるかさんと妹で、80 枚のカードを 9：7 になるように分けたとき、はるかさんのカードは □ 枚です。

② みさきさんはこれまでに 5 回テストを受け、その平均点は 82 点でした。6 回目のテストを受けたあと、6 回目までのテストの平均点が 79 点になったとき、6 回目の得点は □ 点です。

③ 70m のリボンから、長さ 2.5m のリボンを何本かと、長さ 1.2m のリボンを25本切り取ったところ、あまりはありませんでした。このとき、長さ2.5mのリボンは □ 本です。

④ 1200 円のお弁当を 2 割引きで売ったところ、売れなかったのでさらにその 3 割引きである □ 円で売りました。

3 次の問いに答えなさい。

① A◇B を(A＋B)×(A÷B)と約束します。
例えば、6◇3＝(6＋3)×(6÷3)＝18 となります。
このとき、240◇(12◇4)はいくつになりますか。

② 兄，姉，さくらさんの 3 人で 150 個のおはじきを分けました。兄の個数はさくらさんの個数の 3 倍より 2 個少なく、姉の個数はさくらさんの個数の 2 倍より 8 個多いそうです。兄のおはじきの個数は何個ですか。

③ 1 個 160 円のシュークリームと 1 個 180 円のプリンを合わせて 32 個買ったところ、代金の合計が 5540 円になりました。シュークリームは何個買いましたか。

④ 下のグラフは、2 本のバネ A とバネ B につるしたおもりの重さとバネの長さの関係を表したものです。バネ A とバネ B のそれぞれに 100g のおもりをつるしたとき、長さの差は何 cm ですか。

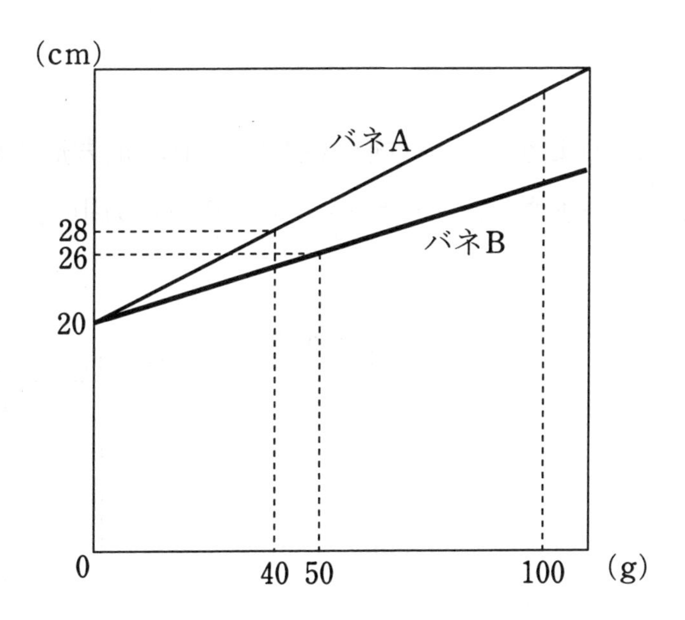

4 次の問いに答えなさい。

① 下の図のように、三角形ABCと、辺DEと辺DFの長さが等しい二等辺三角形 DEF が重なっています。頂点 B は辺 EF 上に、頂点Dは辺AC上にあります。辺ACと辺EFが平行であるとき、角xの大きさは何度ですか。

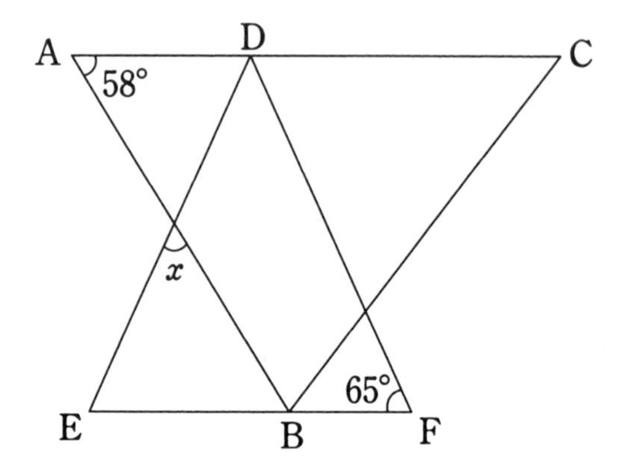

② 下の図のように、長方形ABCDの中に正方形EFGHがちょうど収まっています。このとき、長方形ABCDの周の長さは何cmですか。

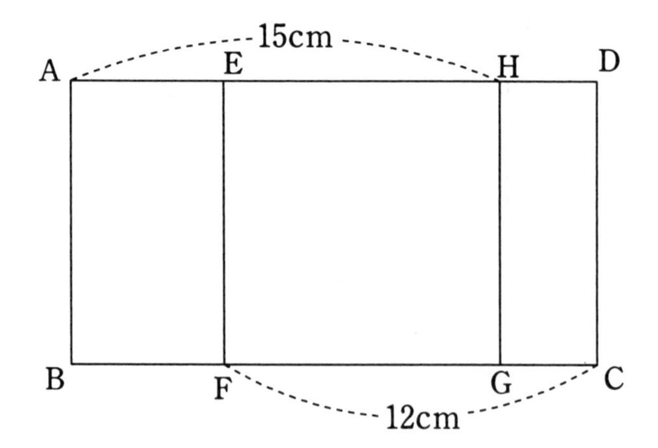

③　下の図のように、長方形 ABCD を 4 つの三角形に分けました。
三角形 AED の面積が 41cm² であるとき、三角形 EBC の面積は何 cm² ですか。

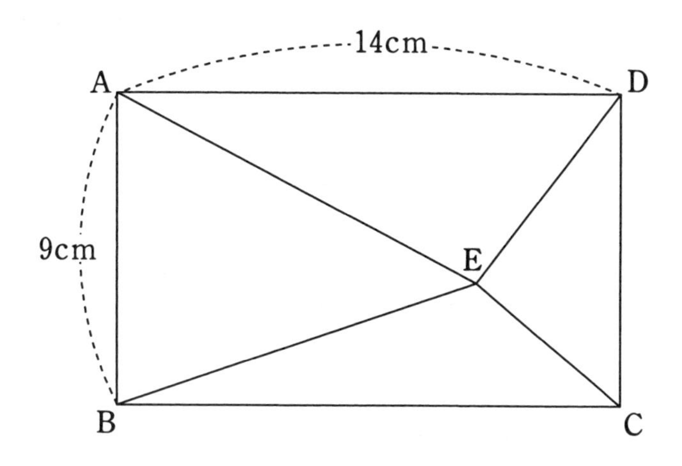

④　下の図は、縦(たて)の長さが 2cm、横の長さが 8cm の 5 つの長方形を重なることなく組み合わせた図形です。この図形を直線 A を軸(じく)として 1 回転させてできる図形の体積は何 cm³ ですか。

（ただし、円周率は 3.14 とします。）

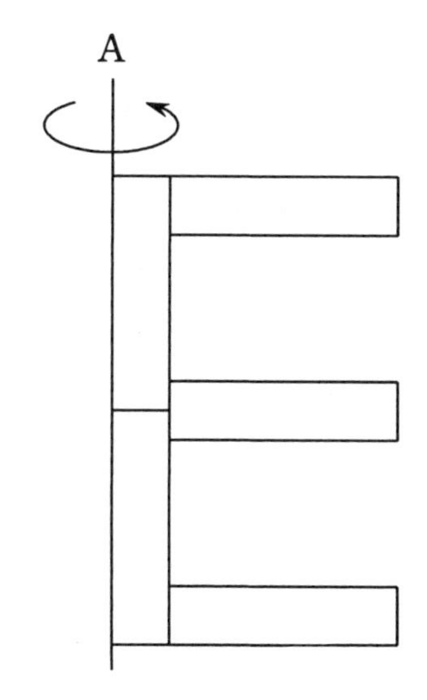

5 次の問いに答えなさい。

① 次の筆算で書かれた計算について、△，□，○，◇，◎，☆に入る１けたの数を求めなさい。ただし、同じ記号には同じ数が入ります。

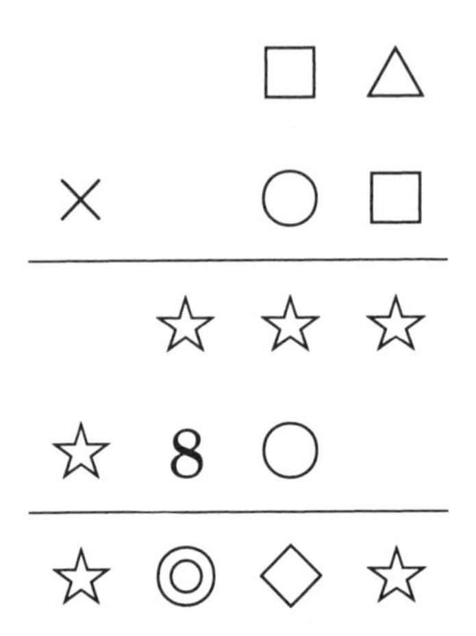

② 下の図のようなあみだくじで、Ａが２，Ｂが５，Ｃが１，Ｄが３，Ｅが４になるように、真横に１本だけ線をかき足しなさい。

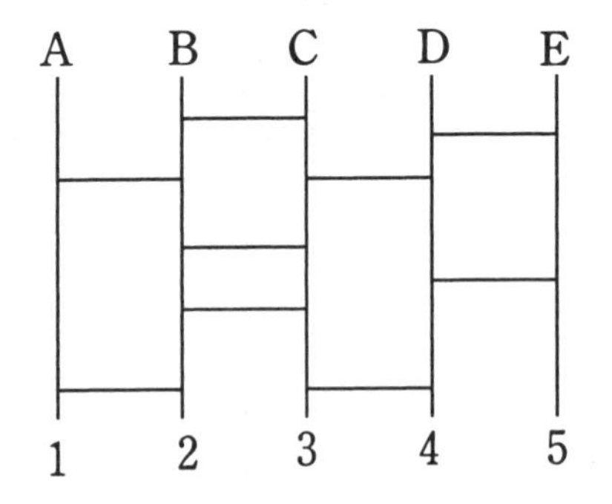

【社　会】〈第１回特別奨学生入試〉（理科と合わせて45分）〈満点：50点〉

1　神奈川県の一部を示した次の地形図をみて、あとの問いに答えなさい。

（国土地理院発行２万５千分の１地形図「浦賀」）

問１　地形図中の京急久里浜（けいきゅうくりはま）駅からみて、横須賀港（よこすかこう）はどの方角にありますか。四方位で答えなさい。

問２　地形図中の京急久里浜駅から燈明崎（とうみょうざき）までは、地形図上の直線距離（きょり）で約10㎝です。実際の距離は何㎞ですか。

問３　ゆうかさんは、友人と待ち合わせをすることになり、友人から次のようなメモをもらいました。待ち合わせ場所として最も適切なものを地形図中の**ア**～**エ**から１つ選び、記号で答えなさい。

浦賀（うらが）駅から、南に向かって歩きます。しばらく歩いて警察署をすぎたあと、左に曲がり、海沿いの道を進みます。交番と消防署がみえる角を右に曲がり、道なりに進んだ先の交差点で、待ち合わせましょう。

問４　地形図から読み取れることとして最も適切なものを次から１つ選び、記号で答えなさい。

ア　西浦賀（にしうらが）（六）の周りには、老人ホームが２か所みられる。
イ　地形図中で、久里浜駅は京急久里浜駅よりも南にある。
ウ　地形図中で、浦賀駅から東に進むと高速道路がみられる。
エ　吉井（一）の周りには、果樹園が広がっている。

問５　地形図中の[X]は記念碑（きねんひ）の地図記号で、この地域に関わりがある、とある人物の記念碑を示しています。この人物についてまとめた下の資料を読んで、記念碑に記されている人物名を答えなさい。

資料

アメリカの海軍を率いていたこの人物は、1853 年にこの場所を訪（おとず）れ、日本に開国をせまりました。日本はこれに応じ、翌年には日米和親条約を結ぶことになりました。

2 次の地図をみて、あとの問いに答えなさい。

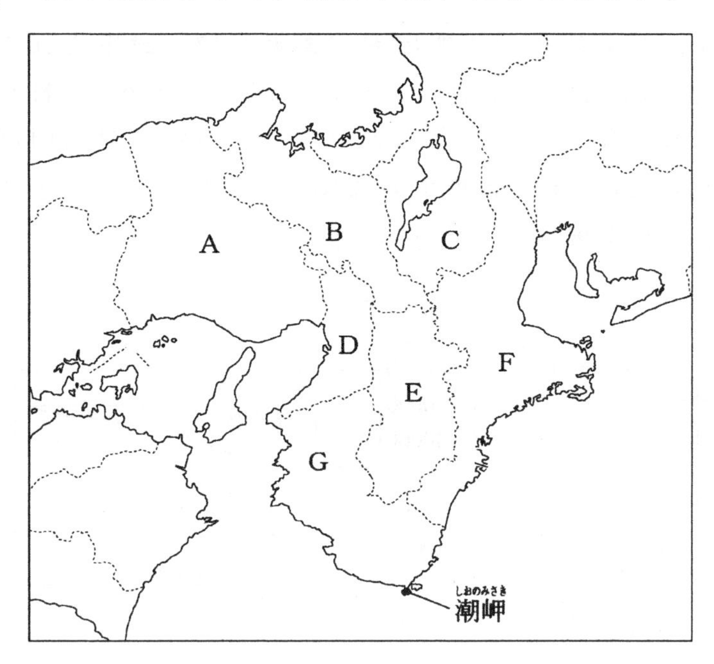

問１　次の文章は、地図中のＡ～Ｇのいずれかの府県について説明したものです。この文章にあてはまる府県を地図中のＡ～Ｇから１つ選び、記号で答えなさい。

> この府県は、府県名と府県庁所在地名が異なっています。北部にある六甲山（ろっこうさん）の山をけずり、その土で南部の海をうめ立てて空港などをつくっています。

問２　次の**ア**～**エ**のグラフのうち、地図中の潮岬（しおのみさき）にあてはまるものを１つ選び、記号で答えなさい。

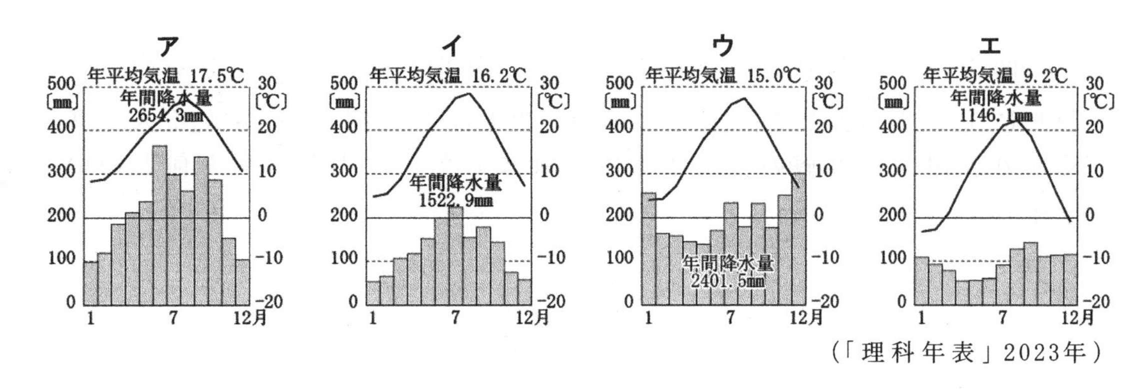

（「理科年表」2023年）

問３　地図中のＢの府県について、Ｂの府県では1997年に地球温暖化防止のための会議が行われ、温室効果ガス排出量の削減目標が設定されました。次の資料１は、2015年にパリで設定された目標との比較、資料２は、温室効果ガス排出量の変化を示したものです。1997年は対象国が「先進国のみ」でしたが、2015年の目標で対象国が「参加国すべて」になった理由を、資料１、２を参考にして答えなさい。

資料１

採択年	1997年	2015年
採択場所	Ｂの府県	パリ
対象時期	2020年まで	2020年から
対象国	先進国のみ	参加国すべて

資料２

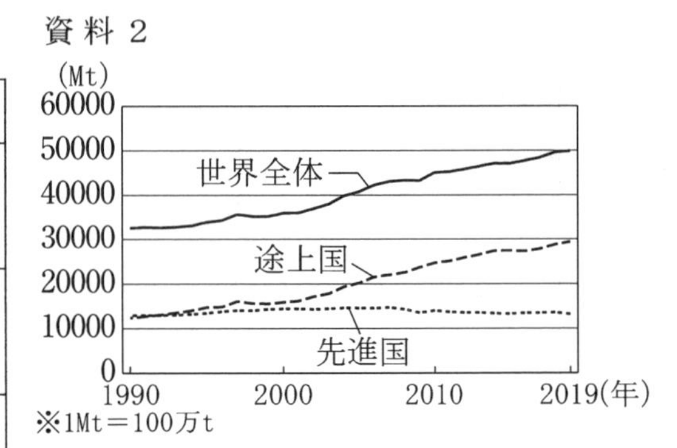

※1Mt＝100万t

（IDE-JETRO資料など）

問４　右の資料３は、ある農産物の収穫量上位３府県を示したものです。この農産物として最も適切なものを次から１つ選び、記号で答えなさい。

ア　みかん
イ　ぶどう
ウ　うめ
エ　日本なし

資料３

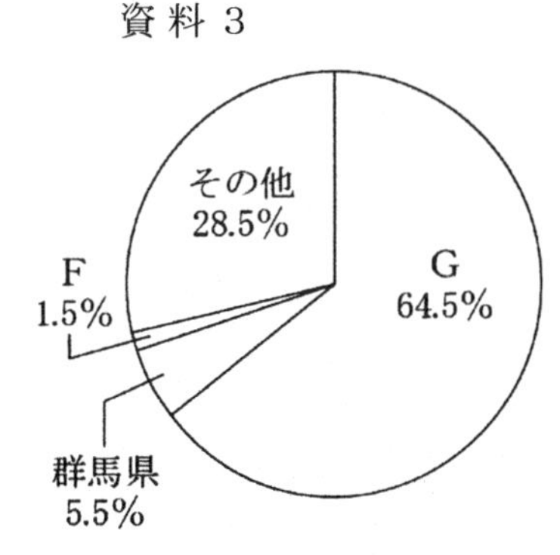

（「データでみる県勢 2023年版」）

問５　地図中のＦの府県のある都市では、1950年代ごろに工場から出るけむりによって息苦しさやのどの痛み、せきなどの症状を訴える人が多くなり、四大公害病の１つに認定されました。この公害病を何といいますか。

3 次の資料Ａ～Ｅは、日本の歴史に関係する資料を示しています。これらをみて、あとの問いに答えなさい。

資料Ａ

資料Ｂ

資料Ｃ

資料Ｄ

資料Ｅ

問１ 資料Ａは、ある古墳(こふん)から発掘(はっくつ)された埴輪(はにわ)です。埴輪がつくられていたころの日本のようすとして最も適切なものを次から１つ選び、記号で答えなさい。

ア くに同士の争いが起こり、ほりで囲まれた集落が現れた。

イ 狩猟(しゅりょう)や採集(さいしゅう)を行い、ごみを貝塚(かいづか)に捨てていた。

ウ 小野妹子(おののいもこ)らが隋(ずい)へ渡(わた)り、中国の文化を学んだ。

エ 大和(やまと)政権（ヤマト王権）が、各地域で勢力をもつようになった。

問２ 資料Ｂは、平城京(へいじょうきょう)から発掘された木簡(もっかん)です。平城京があった場所として最も適切なものを右の地図中の**ア～エ**から１つ選び、記号で答えなさい。

地図

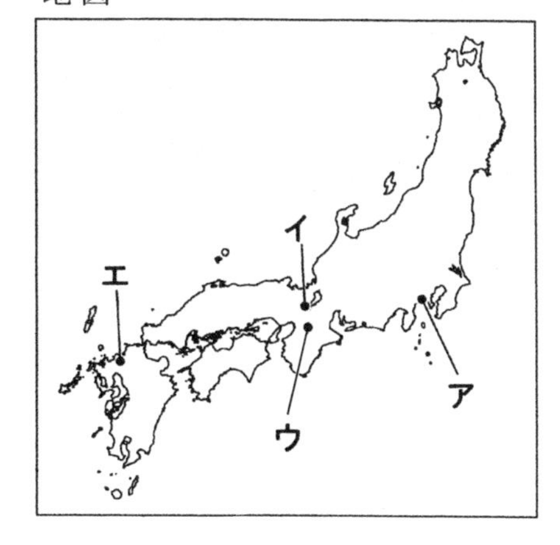

問3　資料Cは、室町時代に水墨画を大成した人物によって描かれたものです。この絵画の作者の名前を漢字で答えなさい。

問4　資料Dは、富岡製糸場の内部を描いたものです。次の資料1は、日本の開国以降の生糸に関するできごとを、資料2は、江戸時代末期の日本の輸出品の内訳を示したものです。資料1、2を参考にして、明治政府が富岡製糸場のような模範工場を建てた目的を答えなさい。

資料1

年	できごと
1859	横浜港が開港 生糸が最大の輸出品となる
1868	生糸の品質を検査するため江戸に生糸改所がつくられる
1871	外国から生糸の品質改善の要求が出される
1871	富岡製糸場の建設が始まる

資料2

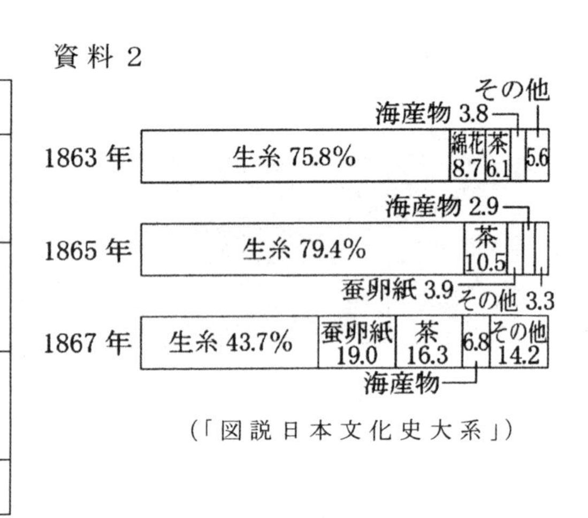

(「図説日本文化史大系」)

問5　資料Eは、戦後計7年首相を務めた吉田茂です。この人物が首相として行ったこととして最も適切なものを次から1つ選び、記号で答えなさい。

ア　サンフランシスコ平和条約に調印し、日本の独立を回復した。

イ　普通選挙法を制定し、選挙権を25歳以上のすべての男子に与えた。

ウ　国民所得倍増計画を出し、日本の経済を成長させた。

エ　非核三原則を表明し、ノーベル平和賞を受賞した。

4　次の年表は、日本のできごとについてまとめたものです。これをみて、あとの問いに答えなさい。

	できごと
604年	あ**聖徳太子**が十七条の憲法を定める
	↕ I
1180年	平清盛が港を整備してい**中国**との貿易を積極的に行う
1577年	う**織田信長**が自身の城下町に楽市・楽座令を出す
1603年	え**徳川家康**が江戸に幕府を開く

問１　年表中の下線部あについて、この人物が建てた、現存する世界最古の木造建築といわれる寺院の名前を漢字で答えなさい。

問２　年表中のＩの期間に定められた法律や書かれた文書として最も適切なものを次から１つ選び、記号で答えなさい。

ア

一、諸国の百姓等、刀・脇差・弓・やり・鉄砲、其外武具のたぐひ所持候事、かたく御停止…

イ

ここに天平十五年歳次癸未十月十五日を以て、菩薩の大願を発して、盧舎那仏の金銅像一躰を造り奉る。…

ウ

第一条　大日本帝国ハ万世一系ノ天皇之ヲ統治ス
第三条　天皇ハ神聖ニシテ侵スヘカラス

エ

倭国乱れ、相攻伐して年を歴たり。乃ち共に一女子を立てて王と為す。名を卑弥呼と曰ふ。鬼道を事とし、能く衆を惑はす。…

問３　年表中の下線部いについて、このときの中国の王朝を次から１つ選び、記号で答えなさい。

ア　唐　　**イ**　宋　　**ウ**　元　　**エ**　明

問４　年表中の下線部ぅについて、この人物が行ったこととして最も適切なものを次から１つ選び、記号で答えなさい。

ア　関白(かんぱく)に任じられ、全国統一を達成した。

イ　キリスト教の宣教師を追放する命令を出した。

ウ　中国を征服(せいふく)しようとして、朝鮮に大軍を送った。

エ　長篠(ながしの)の戦いに勝利し、現在の滋賀県に安土(あづち)城を築いた。

問５　年表中の下線部ぇの人物は、1600年に石田三成(いしだみつなり)率いる西軍との戦いに勝利し、江戸に幕府を開きました。この戦いの名前を解答用紙に合うように三文字で答えなさい。

5 めいさんは、学校で学んだことについて、次のレポート１～３をつくりました。これをみて、あとの問いに答えなさい。

レポート１　日本国憲法について

日本国憲法では、３つの原則のもとで、国民の権利や義務、政治のしくみなどについて定めています。憲法の内容をふまえて法律がつくられているので、いろんな法律の内容についても調べてみたいです。

レポート２　地方自治について

市や町などの地方自治体による政治は、地方自治とよばれます。地方自治体の中には、［　A　］という独自のきまりを定めている地域もあるので、具体的なきまりの内容についても調べてみたいです。

レポート３　選挙について

選挙に投票するのも、立候補するのも、どちらも年齢(ねんれい)の制限があります。立候補できる年齢は、選挙の種類によって異なります。選挙のしくみについて調べてみたいです。

問１　レポート１に関連して、めいさんは、日本国憲法の３つの原則について調べ、次の文にまとめました。Ｙの文が示している原則を何といいますか。

Ｘ…天皇は日本国の象徴(しょうちょう)であり、主権は国民にある。
Ｙ…すべての人々が持つべき当然の権利を大切にする。
Ｚ…紛争(ふんそう)の解決のために、戦争をしたり武力を使ったりしない。

問２　レポート２に関連して、地方自治体の仕事として最も適切なものを次から１つ選び、記号で答えなさい。

ア　法律案の審議(しんぎ)　　**イ**　内閣の仕事の調査
ウ　外国との条約の締結(ていけつ)　　**エ**　道路や水道などの整備と管理

問３　レポート２中の［　A　］にあてはまる語句を、漢字２字で答えなさい。

問４　レポート３に関連して、選挙に立候補できる年齢の組み合わせとして最も適切なものを次の**ア**～**エ**から１つ選び、記号で答えなさい。

	衆議院議員選挙	市町村長選挙
ア	30歳	25歳
イ	30歳	30歳
ウ	25歳	25歳
エ	25歳	30歳

問５　レポート３に関連して、めいさんは、選挙には４つの原則があることを知り、次のメモ１にまとめました。メモ２は、めいさんが実際の投票所を見学したときにまとめたものです。メモ２で示された工夫は、４つの原則のうちどの原則に関係するものですか。

メモ１

・普通(ふつう)選挙…18歳以上のすべての人に選挙権が与えられます。
・秘密選挙…投票用紙への記名はせず、だれがだれに投票したかは知られないようにします。
・平等選挙…財産や性別などに関係なく、１人１票です。
・直接選挙…選挙権を持っている人が、議員を直接選びます。

メモ２

投票所には選挙用紙を記入するためのつくえがありました。つくえには、１人ずつのしきりが設けられていました。

【理　科】〈第１回特別奨学生入試〉（社会と合わせて45分）〈満点：50点〉

1　電気の利用やはたらきについて調べる**実験１・２**を行いました。

【実験１】コンデンサーと手回し発電機をつないで，手回し発電機のハンドルを一定の速さで10秒間回したあと，コンデンサーに豆電球と発光ダイオードをそれぞれつなぎ，明かりのついている時間を３回ずつはかりました。**表**は，そのときの結果をまとめたものです。

表

	明かりのついている時間〔秒〕	
測定した回	豆電球	発光ダイオード
１回目	50	180
２回目	47	172
３回目	51	175

問１　つくった電気をためておくことができる器具はどれですか。次の**ア〜エ**から１つ選び，記号で答えなさい。

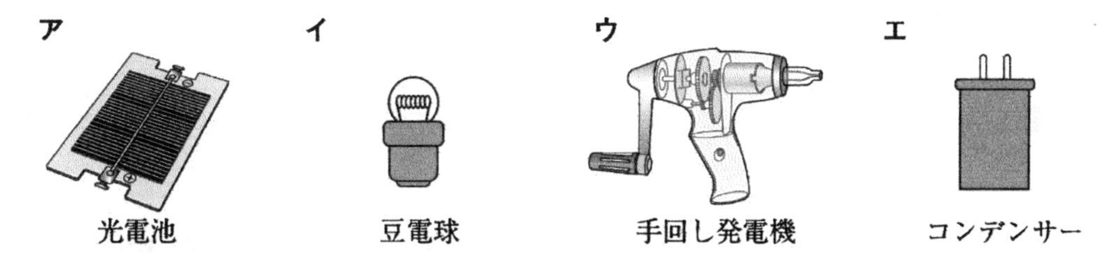

問２　**実験１の表**の結果から，どのようなことがわかりますか。次の文の空欄に25字以内で適切な文章を入れて答えなさい。なお，「電気」という言葉を使用すること。

「発光ダイオードは豆電球に比べて，［　　　　　　　　　　］。」

問３　洗たく機は，電気をおもに何に変えて洗たくをしていますか。次の**ア〜エ**から１つ選び，記号で答えなさい。

ア　光　　**イ**　熱　　**ウ**　音　　**エ**　運動

【実験２】

① **図１**のように，スイッチ，かん電池，導線を 100 回巻いたコイルに鉄くぎを入れたものをつなぎ，スイッチを入れたところ，ゼムクリップが鉄くぎに引きつけられました。

② コイルの巻き数やかん電池の数を変え，①と同じ操作をし，鉄くぎに引きつけられるゼムクリップの数を調べました。

③ スイッチを切った状態で，コイルの近くに方位磁針を置いたあと，スイッチを入れたところ，**図２**のように，方位磁針のＮ極が鉄くぎの頭のほうに引きつけられました。

④ ③のあと，スイッチを切り，かん電池の＋極と－極を反対にして再びスイッチを入れ，方位磁針のようすを調べました。

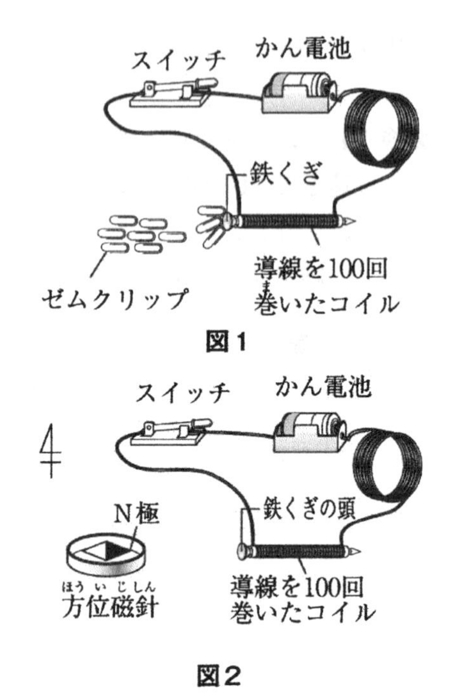

図１

図２

問４ 実験２の①で，コイルに電流を流すと，鉄くぎが磁石の力をもつことがわかります。このようなものを何といいますか。名前を書きなさい。

問５ 実験２の②で，最も多くのゼムクリップを引きつけたものはどれですか。次の**ア**～**エ**から１つ選び，記号で答えなさい。

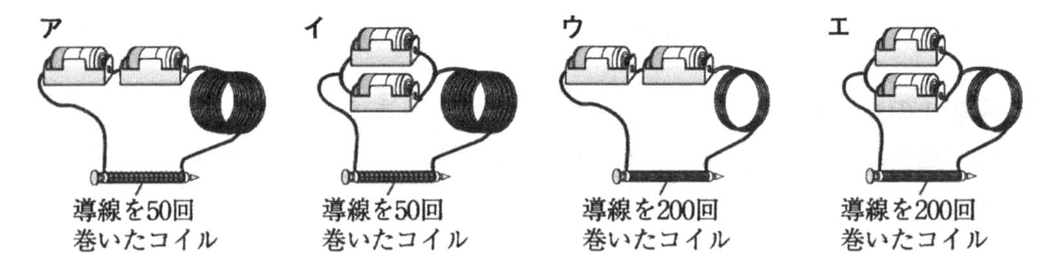

問６ **問５**で，最も多くのゼムクリップを引きつけたときのかん電池のつなぎ方を何つなぎといいますか。名前を書きなさい。

問７ 実験２の④で，方位磁針を真上から見たときのようすはどのようになりますか。Ｎ極をぬりつぶして答えなさい。

2　もののとけ方や水よう液の性質について調べる**実験１・２**を行いました。

【実験１】

①　２つのビーカーA，Bを用意し，それぞれに40℃の水50mLを入れました。

②　**図１**のように，ビーカーAにミョウバンを，ビーカーBに食塩をそれぞれ10ｇずつ加えてよくかき混ぜたところ，すべてとけました。

③　②のあと，ビーカーA，Bの水よう液の温度をどちらも20℃にしました。

④　③のあと，ビーカーA，Bの水よう液をそれぞれろ過しました。

図２は，水の温度ごとにミョウバンと食塩が 50mL の水にとける最大の量を調べて表したグラフです。

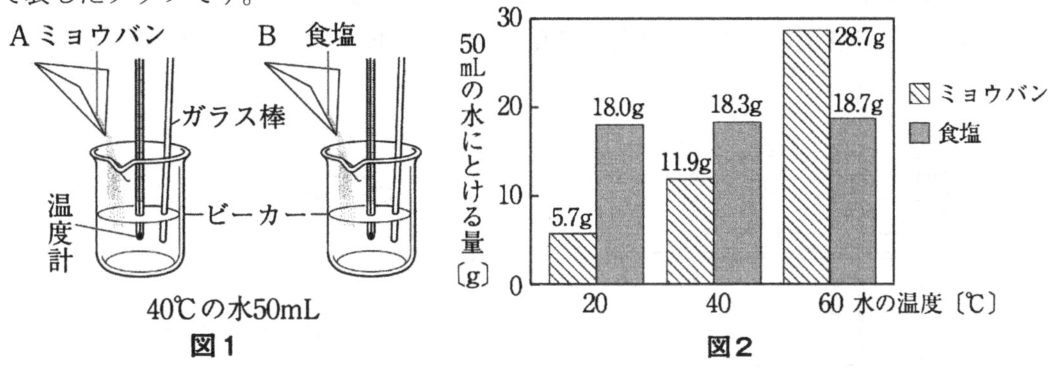

図１　　**図２**

問１　**図２**から，20℃の水 100mL にとける食塩の最大の量は何ｇですか。

問２　**実験１**の②で，ビーカーAの水よう液の濃さは何％ですか。小数第一位を四捨五入して整数で答えなさい。ただし，１mLの水の重さは１ｇとします。

問３　40℃の水 200 mL にミョウバンをとけるだけとかし，その後 20℃に冷やしました。ミョウバンは何ｇ出てきますか。**図２**を参考にして答えなさい。小数第一位を四捨五入して整数で答えなさい。

問４　**実験１**の③で，水よう液の温度を 20℃にしたときのビーカーA，Bのようすはどのようになりましたか。次の**ア**～**エ**から１つ選び，記号で答えなさい。

ア　ビーカーAにはとけ残りがあり，ビーカーBにもとけ残りがあった。

イ　ビーカーAにはとけ残りがあり，ビーカーBにはとけ残りがなかった。

ウ　ビーカーAにはとけ残りがなく，ビーカーBにはとけ残りがあった。

エ　ビーカーAにはとけ残りがなく，ビーカーBにもとけ残りがなかった。

【実験２】 水にものがとけた水よう液の性質について調べるために，**図３**のように，４つの試験管に入った水よう液Ｃ～Ｆを用いて，次の実験を行いました。ただし，水よう液Ｃ～Ｆは，食塩水，アンモニア水，うすい塩酸，炭酸水のいずれかであるものとします。

① ４つの水よう液Ｃ～Ｆの入った試験管を軽くふると，水よう液Ｃを入れた試験管からのみ，あわがたくさん出てきました。

② ４つの試験管に入った水よう液Ｃ～Ｆをそれぞれ蒸発皿に少量ずつとって加熱すると，Ｅのみ白いつぶのようなものが残りました。

③ **図４**のように，ガラス棒を用いて，４つの試験管に入った水よう液Ｃ～Ｆをそれぞれリトマス紙につけたところ，ＣとＦでは，青色リトマス紙が赤色に変化し，Ｄでは，赤色リトマス紙が青色に変化しました。Ｅでは，リトマス紙の色の変化がありませんでした。

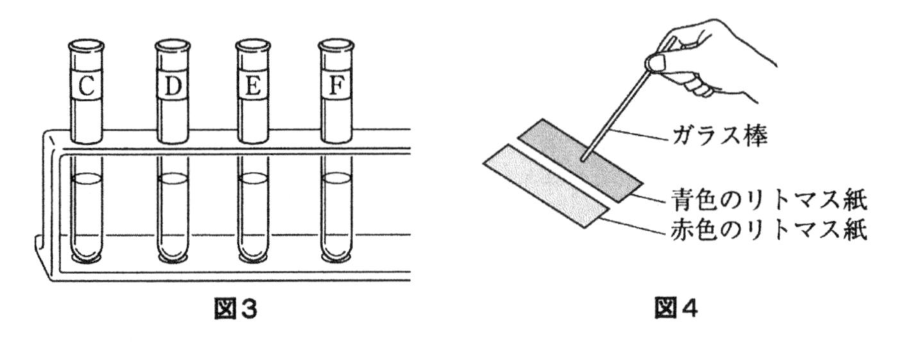

図３　**図４**

問５　**実験２の①**から，Ｃは，水に何がとけた水よう液であるといえますか。次の**ア**～**ウ**から１つ選び，記号で答えなさい。

ア　固体　**イ**　液体　**ウ**　気体

問６　**実験２の③**から，Ｄの水よう液は何性であるといえますか。性質名を書きなさい。

問７　**実験２**で用いた水よう液ＥとＦは何であると考えられますか。次の**ア**～**エ**から１つ選び，記号で答えなさい。

ア　Ｅ…食塩水　Ｆ…うすい塩酸
イ　Ｅ…食塩水　Ｆ…アンモニア水
ウ　Ｅ…炭酸水　Ｆ…うすい塩酸
エ　Ｅ…アンモニア水　Ｆ…炭酸水

3　ヒトのからだのつくりとはたらきについて調べました。また，だ液のはたらきを調べる**実験**を行いました。

問１　**図１**は，ヒトの吸う空気にふくまれている気体の体積の割合を表したものです。これについて述べた文として正しいものを，次の**ア〜エ**から１つ選び，記号で答えなさい。

吸う空気

気体A　約21％

気体Bなど　約0.04％

ちっ素　約78％

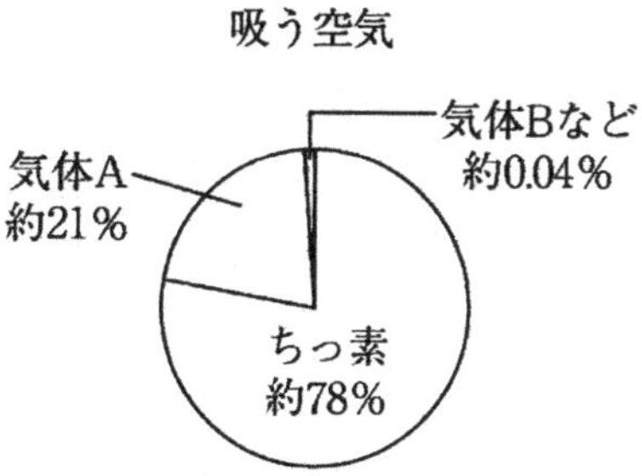

図１

ア　気体Aは酸素で，ヒトのはく息にふくまれる割合は吸う空気にふくまれる割合より大きい。

イ　気体Aは酸素で，ヒトのはく息にふくまれる割合は吸う空気にふくまれる割合より小さい。

ウ　気体Aは二酸化炭素で，ヒトのはく息にふくまれる割合は吸う空気にふくまれる割合より大きい。

エ　気体Aは二酸化炭素で，ヒトのはく息にふくまれる割合は吸う空気にふくまれる割合より小さい。

問２　**図２**は，ヒトのからだの中をめぐる血液の流れを簡単に表したもので，矢印は血液の流れを表しています。**図２**の心臓のはたらきについて述べた文として正しいものを，次の**ア〜エ**から１つ選び，記号で答えなさい。

ア　全身に血液を送り出している。

イ　食べ物をからだに吸収されやすい養分に変えている。

ウ　血液中で不要になったものをこし出し，尿(にょう)に変えている。

エ　血液中の酸素と二酸化炭素の交かんを行っている。

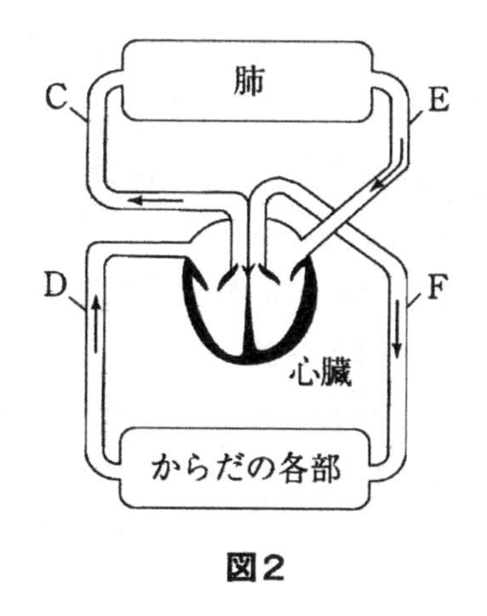

図２

問３　**図２**のC〜Fの血管のうち，二酸化炭素を多くふくむ血液が流れている血管はどれとどれですか。その組み合わせとして正しいものを，次の**ア〜エ**から１つ選び，記号で答えなさい。

ア　CとD　　**イ**　CとE　　**ウ**　DとF　　**エ**　EとF

【実験】試験管Ｐ，Ｑにうすいでんぷんのりをそれぞれ 10mL ずつ入れ，試験管Ｐにはだ液２mL を，試験管Ｑには水２mL を加えて，**図３**のように 40℃の水につけました。30 分後，それぞれの試験管の中にヨウ素液を入れてでんぷんがあるかどうか調べたところ，試験管Ｑの溶液だけが青むらさき色に変化しました。

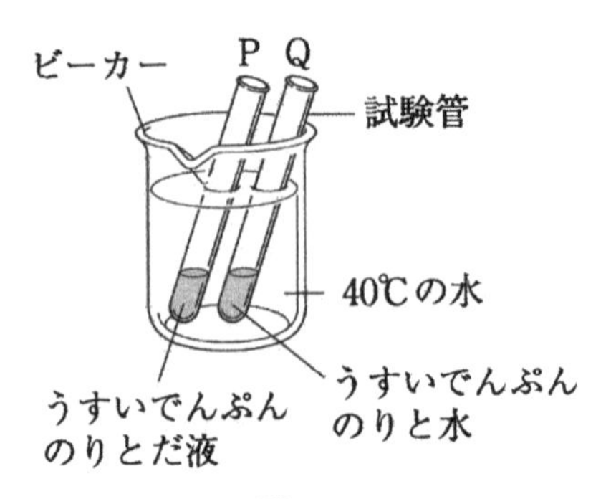

図３

問４　だ液のように，消化を助けるはたらきのある液を何といいますか。名前を書きなさい。

問５　**実験**から，だ液にはどのようなはたらきがあると考えられますか。「でんぷん」という言葉を使って 20 字以内で書きなさい。

問６　**図４**は，ヒトのからだのつくりを模式的に表したものです。食べ物が消化されてできた養分は，**図４**のＸ，Ｙの臓器のうち，おもにどちらで吸収されますか。臓器とその名前を組み合わせたものとして正しいものを，次の**ア**～**エ**から１つ選び，記号で答えなさい。

ア　臓器：Ｘ　　名前：小腸
イ　臓器：Ｘ　　名前：大腸
ウ　臓器：Ｙ　　名前：小腸
エ　臓器：Ｙ　　名前：大腸

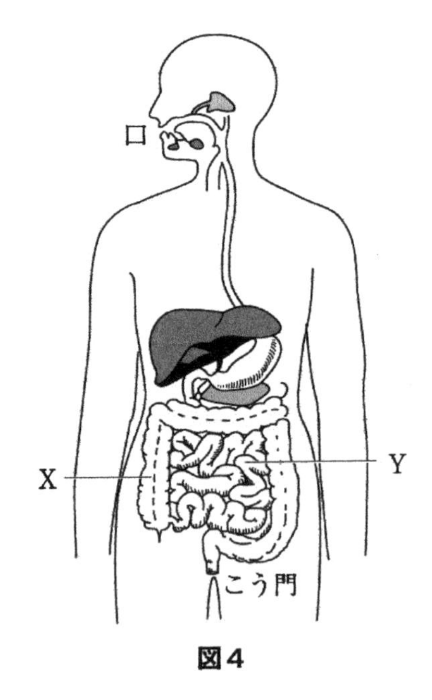

図４

問７　からだに吸収された養分の一部が一時的にたくわえられる臓器を何といいますか。名前を書きなさい。

4　日本付近での大地の変化について，**観察**と**調べ学習**を行いました。

【観察】 ある山で見られたがけのようすを観察したところ，つぶの大きさや色のちがうものが分かれて積み重なり，地層をつくっていました。この地層には火山灰がふくまれていました。また，**図１**のように，地層にずれが生じていました。

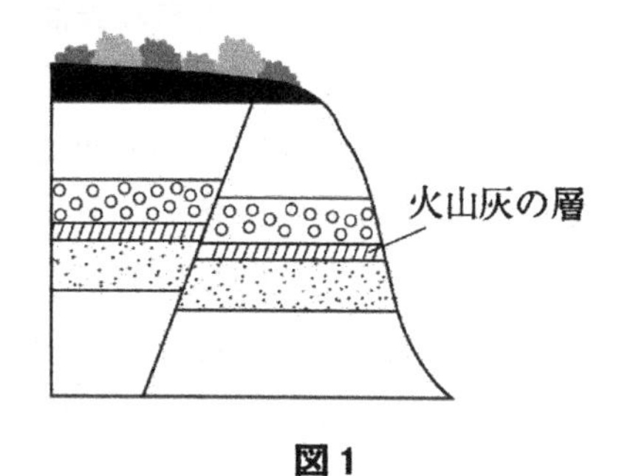

図１

問１　この地層にふくまれる火山灰のつぶをそう眼実体けんび鏡（または，かいぼうけんび鏡）で調べるとき，どのような操作をしますか。次の**ア〜エ**から１つ選び，記号で答えなさい。

ア　火山灰のつぶ以外のものをとかすために，ビーカーに入れたエタノールにつける。

イ　火山灰のつぶ以外のものをとかすために，ビーカーに入れた水につける。

ウ　火山灰のつぶ以外のものを洗い流すために，蒸発皿に入れてエタノールを加えて指でこする。

エ　火山灰のつぶ以外のものを洗い流すために，蒸発皿に入れて水を加えて指でこする。

問２　**図１**のような地層にできた大地のずれを何といいますか。名前を書きなさい。

問３　**図２**のような装置をつくって，れき，砂，どろを混ぜ合わせたものを水で水そうに流し，層ができるようすを調べました。しばらくすると，水そうに流したれき，砂，どろは，**図３**のようにａ〜ｃの３つの層に分かれました。ａとｃの層は，何が積もってできていますか。その組み合わせとして正しいものを，あとの**ア〜エ**から１つ選び，記号で答えなさい。

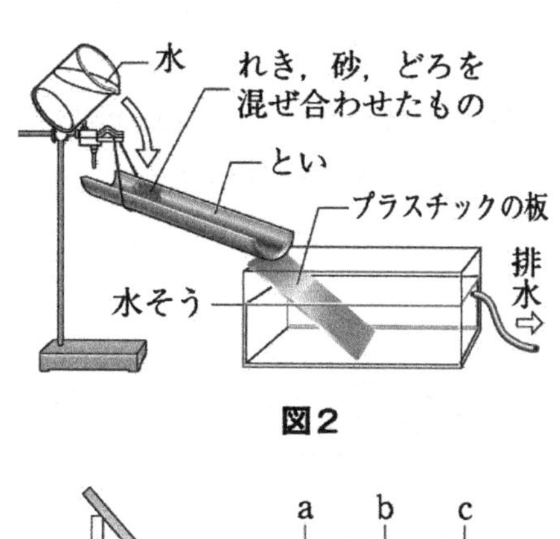

図２

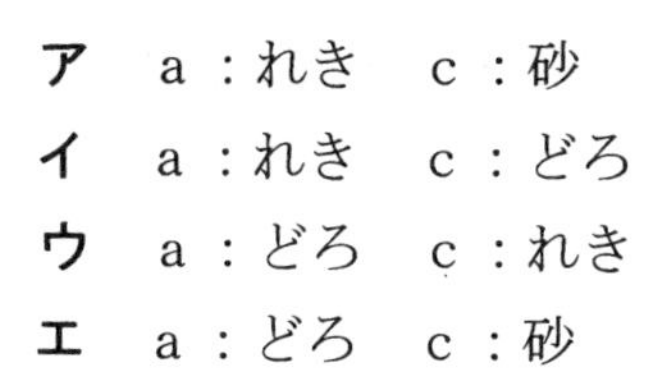

ア　ａ：れき　ｃ：砂

イ　ａ：れき　ｃ：どろ

ウ　ａ：どろ　ｃ：れき

エ　ａ：どろ　ｃ：砂

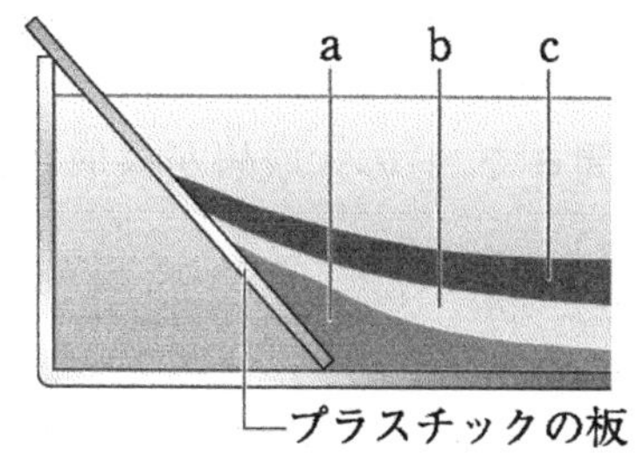

図３

【調べ学習】

① 日本付近には，地球の表面をおおっているプレートがいくつかあります。プレートには，海のプレートと陸のプレートがあり，海のプレートのほうがうすくて重いため，プレートの境界でひずみが生じます。

② 日本には火山が多くあります。火山の近くでは，地下のマグマが冷え固まってできた火成岩という岩石が見つかる場合があります。火成岩は，黒っぽい鉱物が多いもの（A）と白っぽい鉱物が多いもの（B）の大きく２つに分けられます。色のちがいは，マグマのねばりけに関係があり，Aができるときのマグマはしょうゆのようにねばりけがなく，Bができるときのマグマはマヨネーズのようにねばりけがあります。

問４ **調べ学習**の①で，日本付近でのプレートの動きを図で表すとどのようになりますか。次の**ア**～**エ**から１つ選び，記号で答えなさい。ただし，図中の矢印（⟹）はプレートの動きを表しています。

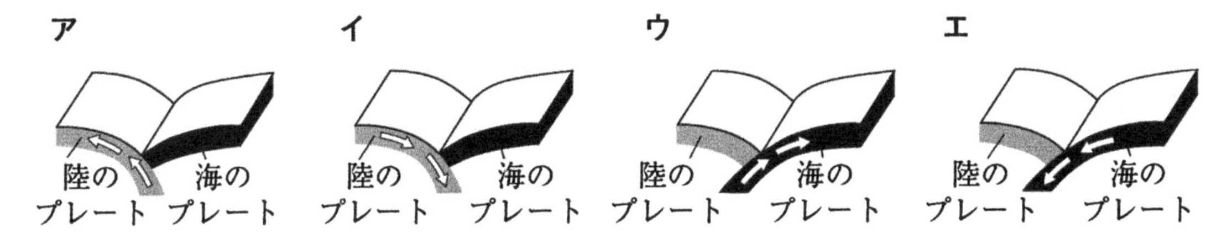

問５ **調べ学習**の①で，プレートのひずみが限界に達したとき，どのような災害が起こると考えられますか。１つ書きなさい。

問６ **調べ学習**の②で，Bの火成岩が採取されたのは，次の３つの火山のうちどの形の山であると考えられますか。

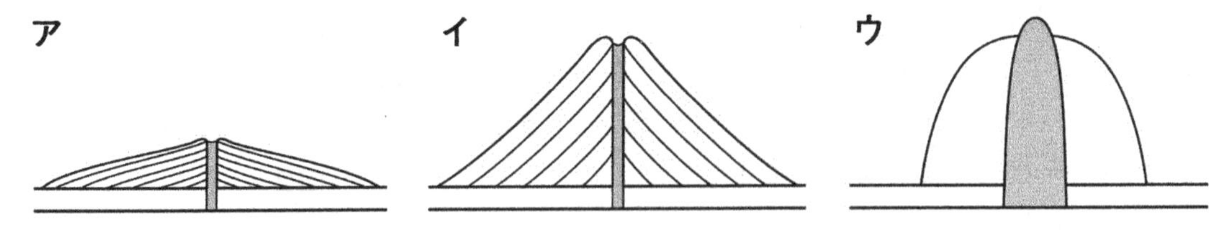

問７ **問６**で，Bの火成岩が採取されたと考えられる場所を選んだ理由を簡単に書きなさい。

【国　語】〈第二回特別奨学生入試〉（四五分）〈満点：一〇〇点〉

〔注意〕・字数制限のあるものは、句読点、記号を含みます。

一　次の文章を読んで、あとの問いに答えなさい。

> 小学六年生である「わたし」（優菜）は、中学入学に向けて髪の毛を切ろうという話を家族でしていた。そのとき、突然おばあちゃんが四月から夜間中学に通いたいと言い始めた。

「夜間中学って、夜に授業をする中学校ってこと？」

おばあちゃんとお父さんにたずねた。すると、

「夕方の五時半から九時まで」

おばあちゃんから、すぐに答えが返ってきた。

「四月からそこに行こうと思っているんだよ」

「そんなこと、今初めて聞いたんだけど」

お父さんの機嫌が悪くなっているのが、声でわかった。おばあちゃんは、小さな声で、

「なんだか言いにくくてさ。今さら中学校に行きたいなんて」

①申し訳なさそうに言った。お父さんは注イ憮然として、

「なんでそんなところに行かなきゃいけないのか、まずきちんと理由を説明してくれよ」

と、おばあちゃんを見た。理由を説明しろと言われて、おばあちゃんの［A］がこわばった。それでも、話すしかないと［B］をくくったらしい。過去に犯した罪を告白するように、つっかえつっかえ語りだした。

②学校へは、数えるほどしか行っていない。小学校は一応卒業させてもらったけれど、中学校は卒業どころか入学もしていない。

「嘘」

思わず［C］から出た。

「嘘じゃないよ。本当に、行ってないんだよ」

今にも消えてしまいそうな声だった。小学校も低学年のころしか行っていないので、漢字はほとんど読めないし、書けないとおばあちゃんは言った。

「漢字が読めない？」

お父さんは、「なんだ、それ……」と［D］を抱えた。

小学校にも中学校にも行かなかったなどということが、世の中にあるのだろうか。六年の社会の授業で、「小学校と中学校は義務教育」と習った。それは、昔から決まっていたと聞いている。おばあちゃんが子どものころだって、そうだったはずだ。

「もしかして、不登校の人だったの？」

学校に行かない理由は、それしか思いつかなかった。

六年のとき、わたしのクラスにもひとりいた。上村くんという男の子で、卒業式も来なかった。

注イ　意外な出来事におどろき、ぼうっとすること。

「フトウコウ？」

おばあちゃんは、言葉の意味がわからないようだった。「学校に来たくない人」と教えてあげた。

「そういうのじゃないけどね」

「じゃあ、病気？」

おばあちゃんの返事を待たず、お母さんが口をはさんだ。

「昔はね、戦争とか戦争のあとの混乱で、学校に行けない子どももいたのよ」

「え？　戦争のとき、もう生まれてたの？」

③びっくりした。

「当たり前でしょ」

お母さんは、「なにを今さら」という顔をした。

「おばあちゃんて、何歳？」

おばあちゃんの年を確認した。

「もうすぐ七十六になるよ」

七十六。七十六歳の人って、戦争のときには生まれていたのか。

そういえば、去年、「戦争が終わって、七十年」だとニュースで言っていた。引き算をすれば、すぐにわかることだった。戦争のとき、おばあちゃんは、生まれていたんだ。なぜ気づかなかったんだろう。

戦争は大昔のことで、そのころ日本にいた人たちは、もうみんな亡くなっているのだと思いこんでいた。戦争の時代のことなんて、今の日本人には全く関係ないし、過ぎ去ったことだと思っていた。それなのに、その影響が今も残っているなんて。しかも、うちのおばあちゃんに。

「お母さんの知り合いのお父さんにも、そういう人がいたわよ」

お母さんは言った。

おばあちゃんの話では、青葉中学には、そういう人のために夜間学級があるのだそうだ。それを「夜間中学」と呼ぶらしい。

おばあちゃんがひらがなの読み書きしかできないことを、おじいちゃんは知っていた。だから、ずっと家の中の「文字を書く」「読む」という役割をはたしてくれていたらしい。でも、そのおじいちゃんが、三ヶ月前に亡くなった。亡くなる直前まで、おばあちゃんのことを気にしていたそうだ。

「前から、自分で新聞を読んだり、手紙を書いたりできるようになりたいとは思ってたんだよ」

おばあちゃんは言った。

「はあ」

お父さんは、④わざとらしく大きなため息をついた。

「そんなことくらいなら、家でできるだろ。オレや注ロ理恵が教えてやるよ」

おばあちゃんは、あわてて説明を加えた。

「中学に行ったら、字だけじゃなくてほかにもいろいろな勉強を教えてくれるって、先生がおっしゃるんだよ」

注ロ　優菜の母親。

おばあちゃんは字だけではなくて、いろいろな勉強をしたいと思っているらしい。こんなおばあちゃんになっているのに、勉強したいだなんて驚きだ。

おばあちゃんは、小さな体をより小さくして頭を下げた。

「みんなには迷惑かけるかもしれないけど、年寄りの道楽だと思ってくれないかねえ」

「道楽だなんて思わない。すごくいいと思う」

お母さんは、「すごくいい」に力をこめた。

「今からでも勉強したいって、おばあちゃん、立派だわ」

「そうかい?」

お嫁さんであるお母さんにほめられて、⑤おばあちゃんの顔がほころんだ。

「ね? 優菜もそう思うわよね」

お母さんに聞かれて、反射的にうなずいた。

「ね? お父さん」

お母さんは、お父さんにも同意を求めた。お父さんは、

「あ、ああ。うん。そうだな」

ちょっと考えながら、うなずいた。

「でもなあ、五時半だろ。送ってあげられないよ。オレも理恵も帰って来るのが遅いし」

お父さんは車のセールスをしている。帰って来るのは、いつも九時ごろだ。お母さんは、お店は七時までだけれど、家に着くのは八時ごろだ。お店が長引いたときは、九時を過ぎることだってめずらしくない。どっちもおばあちゃんが学校へ行く時間には間に合わない。

「ひとりで行けるよ。青葉駅までたった三駅だし。学校は、駅からすぐなんだよ。おじいちゃんが入院してた病院より、うんと近いんだから」

おじいちゃんは、三年近く入退院をくり返していた。おばあちゃんは、その間、ほぼ毎日ひとりでバスに乗って病院に通っていた。

お父さんは、反対こそしていないが、すっきりしていないのはだれの目から見ても明らかだった。

「べつにそんなところに通う必要なんてない」と思っているのだろう。

「ダメかねえ」

おばあちゃんは、お父さんの顔をのぞきこんだ。

「ダメとは言わないけど、夜だし、危なくないか?」

ぐずぐずと言葉をにごすお父さんに、おばあちゃんは、決定的なひとことを告げた。

「困ったねえ。実はもう、入れてくださいって、校長先生にお願いしてきちゃったんだよ」

「ええっ! もう頼んできたのか?」

お父さんだけではない。わたしも、お母さんも、驚いておばあちゃんの顔を見た。

いつのまにそんなことをしていたのだろう。おばあちゃんは、いつも人の言うことに「はい、はい」と言っているタイプで、自分からなにかをするということはない。それなのに、たったひとりで中学校に乗りこんで、入学まで決めてきた?

「じゃあ、許すも許さないもないだろう。もう決めてるんじゃないか」

お父さんは、不機嫌な声を出した。

「そうだねえ。そういうことになるかねえ」

おばあちゃんは、

「やっぱりいけなかったかねえ。わたしみたいなのが学校に行きたいなんて」

さびしそうな顔でつぶやいた。

「いけないなんてこと、ありません！　行けばいいのよ、おばあちゃん」

お母さんが、あわてて言った。

「お父さんは、［E］を心配しているだけで、学校そのものに反対しているんじゃないんですよ。ね、お父さん」

お母さんに念押しされて、お父さんは、

「まあ、そういうことだ」

とぼそっと答えた。

「だから、気をつけて通ってくれるならいいんですよ」

「そうかい。じゃあ、気をつけて通うよ。子どもじゃないんだから、心配いらないよ」

おばあちゃんは、

「よろしくお願いします」

うれしそうに頭を下げた。

山本悦子「夜間中学へようこそ」より
【一部表記の変更があります。】

問一　――線①「申し訳なさそうに言った」とありますが、このときの「おばあちゃん」の様子について、比喩表現を用いて説明している一文を本文中から探し、はじめの五字をぬき出して答えなさい。

問二　空欄［A］～［D］に入る語の組みあわせとして最も適切なものを、次の中から一つ選び、記号で答えなさい。

ア　A　口　B　腹　C　頭　D　顔
イ　A　顔　B　口　C　頭　D　腹
ウ　A　顔　B　頭　C　口　D　腹
エ　A　顔　B　腹　C　口　D　頭

問三　――線②「学校へは、数えるほどしか行っていない」とありますが、それはなぜですか。解答欄の言い方にあうように十五字以内で答えなさい。

問四　——線③「びっくりした」とありますが、それはなぜですか。解答欄の言い方にあうように五十五字以内で答えなさい。

問五　——線④「わざとらしく大きなため息をついた」とありますが、このときのお父さんの様子として最も適切なものを次の中から一つ選び、記号で答えなさい。

ア　おばあちゃんはこれまで漢字の読み書きができなくても生きてこられたため、これからも漢字を学ぶ必要がないとあきれている。

イ　家族が勉強を教える方が安心できるのに、わざわざお金を払って夜間中学に通おうとしているおばあちゃんにうんざりしている。

ウ　はっきりと反対しているわけではないが、おばあちゃんが勝手に通学を決めようとしていることに対して不満を持っている。

エ　いまさら学校に通って勉強をしても身につくとは限らない上に、自分が送り迎えをしなければならず、通学そのものを面倒に感じている。

問六　——線⑤「おばあちゃんの顔がほころんだ」とありますが、このときのおばあちゃんの様子を次のように説明したとき、［a］・［b］にあてはまる内容を、aは十六字で、bは十字で本文中からそれぞれぬき出して答えなさい。

夜間中学に通うことで、［a］と申し訳なく感じていたが、［b］という思いをほめてもらえて、気持ちが楽になっている。

問七　空欄［E］に入る内容として最も適切なものを次の中から一つ選び、記号で答えなさい。

ア　毎日通うこと　　イ　夜出歩くこと

ウ　道に迷うこと　　エ　電車に乗ること

問八　本文の内容の説明として適切なものを次の中から二つ選び、記号で答えなさい。

ア　おじいちゃんは、おばあちゃんの読み書きを手助けする役割を果たしていたので、亡くなる間際までおばあちゃんの今後の生活を心配していた。

イ　お父さんは、夜遅くに学校へ通うことの安全面や行き帰りの方法だけが最初から気がかりで、その一点が解決すれば問題ないと思っている。

ウ　わたしは、おばあちゃんが夜間学校へ通学することに最初から賛成していたが、お父さんの機嫌をそこねないように、意見を言わないようにしている。

エ　お母さんは、学ぼうとする姿勢を持っているおばあちゃんを尊敬し、家族をまきこみながら、夜間学校への通学を認めようとしている。

オ　おばあちゃんは、自分の意見よりも人の意見に耳をかたむける人であるため、今回も校長先生の話を断り切れずに通学することを決めてしまった。

二　次の文章を読んで、あとの問いに答えなさい。

心理学の世界では長年、楽観主義者が成功しやすく、悲観主義者が失敗しやすいと考えられてきました。それは、「ポジティブ思考が［ A ］で、ネガティブ思考が［ B ］」という一般的な考え方と同じです。

ところが、近年、悲観主義者のなかにも、「物事を悪いほうに考える」ことで成功している人がある程度いることがわかってきました。そういった傾向にある人は、前にある行動でうまくいったとしても、「前にうまくいったから、今度もうまくいく」とは考えないで、これから迎える状況に対して、最悪の事態を想定します。注イ冒頭でとりあげたA子さんのように、最悪の事態をあらゆる角度から悲観的に想像しては、失敗を想定するのです。そういった考え方をする人を心理学では、防衛的悲観主義者といいます。また、そうした考え方を防衛的悲観主義と呼びます。

このような防衛的悲観主義は、とりわけ、不安傾向が強い人に有効な心理的作戦となりうるのです。

防衛的悲観主義が「物事を悪いほうに考える」ことで成功する理由には、二つのポイントがあります。

まず一つ目は、悲観的に考えることで、不安をコントロールできる点です。

不安はパフォーマンスを阻害する大きな要因の一つです。不安が生じると、向かうべき課題に集中できなくなります。不安に押しつぶされてしまって、本来の実力がⓐ発揮できなかったという経験は、誰にもあるでしょう。防衛的悲観主義者は、とりわけ不安が強い傾向にあるのです。

このパフォーマンスの障害となる「不安」という感情は、①これから遭遇する状況では何が起こるのかわからないといった思いから、生まれるものです。失敗するのか、それとも成功するのか、自分が赤っ恥をかくのか、はたまた脚光をⓑアびるのかがわからないから不安になるのです。

もし、これから起こることに多少なりとも確信を持つことができれば、その不安はずいぶんと和らぐでしょう。もちろん、それですべての不安がなくなるわけではありませんが、結果があらかじめイメージできていれば、ある程度、落ち着いて取り組むことができるはずです。【　ア　】

楽観主義の人は「自分は成功するにちがいない」という確信をもち、自分が成功するのか、それとも失敗するのかについては考えないのです。考えると不安がおそってくるからです。

極力結果について考えることを避け、ただやるべきことをやるだけ。これが楽観主義者が使う心理的作戦になります。さらには、彼らは本番前には、音楽を聴いてリラックスしたり、読書をして気晴らしをしたりすることが多いです。本番前には、不安に対処するのではなく、不安が生じることを避けようとするのです。

これに対して、防衛的悲観主義の人は、これから遭遇する状況において「悪い結果が出るにちがいない」と確信します。そう考えることで、何が起こるのかわからない不安から逃れることができるからです。

「良い結果が出る」ではなく「悪い結果が出る」と予想することで、成功しなくてはいけないというプレッシャーからもⓒカイホウされることになります。くり返しいいますが、防衛的悲観主義

注イ　クラスみんなの前で授業中に発表をすることになった人物。

の人は、ことさら不安傾向が強いから、このように考えるのです。

つまり、防衛的悲観主義者が最悪な事態を予想するのは、自分の目標の障害になる不安をコントロールするためと言えます。【 イ 】

さらには、こういった心理的作戦には、とても魅力的なメリットがあります。「自分は失敗するにちがいない」とあらかじめ予想しておくことによって、実際に失敗した時のショックを和らげることができるのです。

読者のみなさんにも経験があるのではないでしょうか。成功を期待していて失敗するよりも、あらかじめ失敗を予想しておいてその通りになるほうが、ショックが少なかったという経験を。

【 ウ 】

自分が傷つくことをあらかじめ防衛しておくことが、「防衛的悲観主義」とよばれる理由でもあります。もちろん、そうした考えでも、実際に失敗すると、がっかりすることもありますが、現実を受け止め、次に頑張ろうとするやる気までは奪われないですむのです。

「物事を悪いほうに考える」ことで成功する二つ目のポイントは、予想できる最悪の事態を見越して、それを避ける最大の努力を行うというプロセスにあります。悪いほう、悪いほうへと予想し、考えられる結果を鮮明に思い浮かべることによって、その対策を㋺練りあげ、実行に移すことができるのです。【 エ 】

②防衛的悲観主義は、これから起こる出来事を、うんざりするほど悪いほう悪いほうに想像してしまいます。それはもう名人かと思うほど、ありとあらゆる失敗の可能性を考えることができるのです。

冒頭にあげたA子さんは、「話す内容を忘れて、頭の中が真っ白になるのではないか」「自分の声が小さくて、友だちが聞き取れないのではないか」、「準備が十分でないと、先生に怒られるのではないか」、「質問に答えられないのではないか」といったように、来る日も来る日も悲観的に失敗の可能性を考え続けていました。

［ C ］、このネガティブ思考は、ただのネガティブ思考ではありません。彼らは、ありとあらゆる失敗の状況をイメージ・トレーニングしているからです。考えられる限りのネガティブな結果を具体的に想像することによって、おのずとやるべきことは見えてきます。

［ D ］、具体的な対策が定まると、防衛的悲観主義者といえども、もう迷いはありません。あとはただやるべきことに集中するだけです。たとえば、A子さんは失敗を想定した後、自宅で何度も何度も発表の練習をくり返し、来るべき質問を想定した回答例を作り、家族をクラスのみんなに見立てて、質疑応答の練習をするでしょう。

その時には、不安もすっかり忘れているにちがいありません。

こうして、用意周到に準備ができた防衛的悲観主義の人は文字通り、「何が起きても大丈夫」という自信のもとで、積極的な態度で本番を迎えることができます。

どんな事態が起きても、それに対処すべき注ロ青写真が頭の中にクリアに入っているので、何も恐れることはありません。まさに不安に打ち勝った状態です。

ここでA子さんの発表の結果をお伝えしましょう。悪いほう、悪いほうに想像し、徹底的にその

注ロ 計画や未来の構想のこと。

対策を練りあげたA子さんは、本番を迎える頃(ころ)にはその心配事に対する不安をコントロールし、そして本番では立派な成果を収めたのです。

そんなA子さんですが、次にまたみんなの前で発表を行う時には、同じ不安におそわれてしまいます。「前にもうまくいったし、今度もうまくいく」とは⓪アンイに考えない防衛的悲観主義者は、悪い事態を予想することで不安になってはしまいますが、その不安を否定するのではなく逆に利用してやる気を高め、悪い事態を避ける最大限の努力をすることで目標達成につなげるのです。

外山美樹(とやまみき)「勉強する気はなぜ起こらないのか」より

【一部表記の変更(へんこう)があります。】

問一　空欄 A ・ B に入る語の組み合わせとして最も適切なものを、次の中から一つ選び、記号で答えなさい。

ア　A　善　　B　悪

イ　A　損　　B　得

ウ　A　強　　B　弱

エ　A　主　　B　従

問二　――線①「これから遭遇する状況では何が起こるのかわからない」とありますが、楽観主義者と防衛的悲観主義者はこうした状況にどのように対応しますか。それぞれ「不安」という語を用いて、解答欄の言い方にあうように三十五字以内で答えなさい。

問三　本文からは次の一文がぬけています。もとにもどす場所として最も適切なものを、本文中の【　ア　】～【　エ　】の中から一つ選び、記号で答えなさい。

防衛的悲観主義の人が用いる悲観的思考は、実際に失敗したときに落ち込(こ)まずにすむ緩衝材(かんしょうざい)(クッション)となっているのです。

問四　――線②「防衛的悲観主義は、これから起こる出来事を、うんざりするほど悪いほう悪いほうに想像してしまいます」とありますが、その目的を次のように説明したとき、 a ・ b にあてはまる内容を、aは十三字、bは六字で本文中からそれぞれぬき出して答えなさい。

 a を想像することで、自分がやるべきことに取り組み、不安を b して自信を持つため。

問五　空欄 C ・ D に入る言葉として最も適切なものを次の中から一つずつ選び、それぞれ記号で答えなさい。

ア　たとえ　　イ　そして　　ウ　むしろ　　エ　一方　　オ　しかし

問六　次の文章は、本文の「防衛的悲観主義」について、別の視点から書かれたものです。文章を読み、あとの問いに答えなさい。

経済協力開発機構（OECD）は５月、メンタルヘルスに関する国際調査の結果を発表しました。それによると、日本では、うつ病やうつ状態の人の割合が、新型コロナが流行する前は７．９％（２０１３年調査）だったのが、２０２０年には１７．３％と２．２倍になっていました。ちなみに米国は６．６％（１９年）から２３．５％となり、３．６倍に急増。英国も９．７％（同）から１９．２％と倍増していました。特に、若い世代や失業者、経済的に不安定な人の間で深刻化しているそうです。

うつ状態になる前に、ネガティブなことしか頭に浮かばない視野狭窄（注）状態に陥らないために実践できる方法は、知っておいた方がいいと思います。そこで、「幸福学」の専門家である慶応大大学院システムデザイン・マネジメント研究科の前野隆司教授に話を聞きました。

注　狭窄　せまいこと。

前野教授と研究室の大学院生のグループが日本人を対象に行った研究で明らかになったのは、幸せに影響する四つの因子です。

１「やってみよう！」因子（自己実現と成長の因子）
２「ありがとう！」因子（つながりと感謝の因子）
３「　③　！」因子（前向きと楽観の因子）
４「ありのままに！」因子（独立とあなたらしさの因子）

最後は、前野教授の言葉で締めくくりましょう。「自分の身を守るために、物事を悲観的にとらえて準備する④『防衛的悲観主義』には、良い面もあります。ですが、コロナ禍でその悲観が過度に強くなり、自己肯定感が下がり、うつ状態になっている人が多いのが、今の日本ではないでしょうか。ですから、紹介したテクニックを意識的に使い、自分をリラックスさせたり気分を上げたりすることを防衛的に行った方がいい。いわば、⑤『防衛的楽観主義』ですね」

２０２１年１１月２日　読売新聞オンライン
「コロナ禍でも心を元気に！ポジティブ心理学の知恵」より
【一部表記の省略があります。】

(1)　③ に入る言葉として適切なものを、十字以内で考えて答えなさい。

(2)　――線④『防衛的悲観主義』、⑤『防衛的楽観主義』とありますが、本文の内容も参考に、次の選択肢（せんたくし）のうち「防衛的悲観主義」の考え方ならＡ、「防衛的楽観主義」の考え方ならＢ、どちらにもあてはまらない考え方ならＣと答えなさい。

ア　テストが近づいてきて緊張が増したが、仲の良い友人とあえて好きな芸能人の話をして気分転換（てんかん）をした。

イ　本番直後、練習通りにいかずに落ち込んだが、あらかじめ失敗をイメージしていたので、次に向けて気持ちを切り替えることができた。

ウ　主役を任された時から当日への不安が消せないが、万が一のために全てのセリフを書き込んだ小さなメモ帳を用意した。

エ　以前の試合でした失敗を忘れられず常に不安を抱（かか）えていたが、日常の中で薄（うす）まっていき、失敗を忘れることができた。

問七　――線ⓑ・ⓒ・ⓔのカタカナは漢字に、ⓐ・ⓓの漢字はひらがなに直しなさい。

ⓐ　発揮　　ⓑ　ア（びる）　　ⓒ　カイホウ

ⓓ　練（り）　　ⓔ　アンイ

三　次の各問いに答えなさい。

問一　次の慣用句とほぼ同じ意味の熟語をア～オからそれぞれ選び、記号で答えなさい。

1　目が回る
2　首を長くする
3　鼻が高い
4　肩を並べる
5　気が気でない

ア　期待
イ　多忙
ウ　心配
エ　得意
オ　対等

問二　次の語の対義語にあたる言葉をあとの□からそれぞれ選び、漢字に改めて答えなさい。

1　絶対

2　定例

3　収入

4　簡単

5　消費

リンジ	ホウホウ	トクチョウ	シシュツ
フクザツ	ソウタイ	セイサン	フツウ

2024年度

東京家政大学附属女子中学校 ▶解説と解答

算　数　＜第１回特別奨学生入試＞（45分）＜満点：100点＞

解　答

1 ①　24　②　470　③　20　④　1　⑤　$\frac{9}{25}$　⑥　5

2 ①　45枚　②　64点　③　16本　④　672円　**3** ①　1440

②　70個　③　11個　④　8 cm　**4** ①　57度　②　54cm

③　22cm²　④　2009.6cm³　**5** ①　△　7　□　3　○　5

◇　6　◎　9　☆　1　②（例）　右の図

A　B　C　D　E

1　2　3　4　5

解　説

1 **四則計算，計算のくふう**

①　$96\div 6+2\times 4=16+8=24$

②　$A\times B-A\times C=A\times(B-C)$となることを利用すると，$47\times 82-47\times 72=47\times(82-72)=47\times 10=470$

③　$1.5\times 9+5.2\div 0.8=13.5+6.5=20$

④　$\frac{13}{18}\times 3\frac{3}{7}\div 1\frac{11}{28}-\frac{1}{12}\times 9\frac{1}{3}=\frac{13}{18}\times\frac{24}{7}\div\frac{39}{28}-\frac{1}{12}\times\frac{28}{3}=\frac{13}{3}\times\frac{4}{7}\times\frac{28}{39}-\frac{7}{9}=\frac{16}{9}-\frac{7}{9}=\frac{9}{9}=1$

⑤　$2.25\times\frac{14}{27}\div 5\frac{5}{6}+3.6\times\frac{2}{45}=2\frac{1}{4}\times\frac{14}{27}\div\frac{35}{6}+3\frac{3}{5}\times\frac{2}{45}=\frac{9}{4}\times\frac{14}{27}\times\frac{6}{35}+\frac{18}{5}\times\frac{2}{45}=\frac{1}{5}+\frac{4}{25}=\frac{5}{25}+\frac{4}{25}=\frac{9}{25}$

⑥　$\left(2\frac{1}{4}\times 6-5.5\right)\div\left(2-\frac{2}{5}\right)=\left(\frac{9}{4}\times 6-5\frac{1}{2}\right)\div\left(\frac{10}{5}-\frac{2}{5}\right)=\left(\frac{27}{2}-\frac{11}{2}\right)\div\frac{8}{5}=\frac{16}{2}\times\frac{5}{8}=5$

2 **比の性質，平均とのべ，小数の性質，売買損益**

①　はるかさんのカードの枚数は，$80\times\frac{9}{9+7}=45$(枚)となる。

②　(平均点)×(回数)＝(合計点)より，５回目までのテストの合計点は，82×５＝410(点)であり，６回目までのテストの合計点は，79×６＝474(点)になる。よって，６回目のテストの得点は，474−410＝64(点)とわかる。

③　長さ1.2mのリボン25本の長さは，1.2×25＝30(m)である。よって，長さ2.5mのリボンの長さの合計は，70−30＝40(m)だから，その本数は，40÷2.5＝16(本)となる。

④　お弁当の２割引きの値段は，1200×(１−0.2)＝960(円)である。よって，さらにその３割引きの値段は，960×(１−0.3)＝672(円)と求められる。

3 **約束記号，分配算，つるかめ算，正比例と反比例**

①　12◇４＝(12＋４)×(12÷４)＝16×３＝48となるので，240◇(12◇４)＝240◇48＝(240＋48)×(240÷48)＝288×５＝1440になる。

②　右の図で，さくらさんのおはじきの個数の，１＋２＋３＝６(倍)が，150＋２−８＝144(個)に

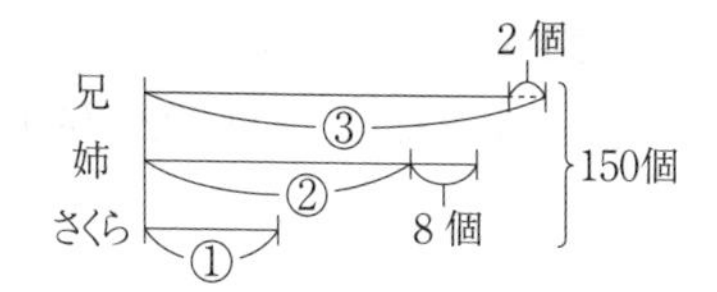

あたるから，さくらさんのおはじきの個数は，$144\div 6=24$(個)とわかる。よって，兄のおはじきの個数は，$24\times 3-2=70$(個)と求められる。

③　プリンを32個買ったとすると，代金の合計は，$180\times 32=5760$(円)となり，実際よりも，$5760-5540=220$(円)高くなる。そこで，プリンを減らして，シュークリームを増(ふ)やすと，代金の合計は１個あたり，$180-160=20$(円)ずつ安くなる。よって，シュークリームの個数は，$220\div 20=11$(個)とわかる。

④　問題文中の図より，バネＡとバネＢの何もつるしていないときの長さは，どちらも20cmで，バネＡは40gのおもりで，$28-20=8$(cm)のびるので，100gのおもりでは，$8\times\frac{100}{40}=20$(cm)のびる。また，バネＢは50gのおもりで，$26-20=6$(cm)のびるから，100gのおもりでは，$6\times\frac{100}{50}=12$(cm)のびる。よって，このときの長さの差は，$20-12=8$(cm)と求められる。

4　角度，長さ，面積，体積

①　下の図１で，三角形DEFは辺DEと辺DFの長さが等しい二等辺三角形より，角アの大きさは角DFEの大きさと同じ65度である。また，辺ACと辺EFが平行で，錯(さっ)角は等しいので，角イの大きさは角BACと同じ58度である。よって，角xの大きさは，$180-(65+58)=57$(度)となる。

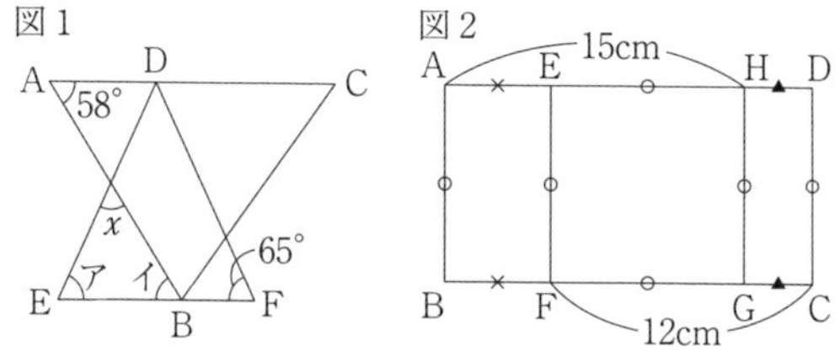

②　上の図２で，○印のついた辺の長さは等しく，×印のついた辺，▲印のついた辺もそれぞれ長さは等しい。よって，AH＝AB＋BF，FC＝CD＋DHとわかるから，長方形ABCDの周の長さは，$15\times 2+12\times 2=54$(cm)と求められる。

③　下の図３のように，点Ｅを通って，辺ADと辺ABに平行な線を引くと，同じ○印，△印，■印，×印のついた三角形はそれぞれ合同である。すると，三角形AEDと三角形EBCの面積の和と，三角形ABEと三角形ECDの面積の和は等しくなるので，三角形AEDと三角形EBCの面積の和は，$9\times 14\times\frac{1}{2}=63$(cm^2)になる。よって，三角形EBCの面積は，$63-41=22$(cm^2)である。

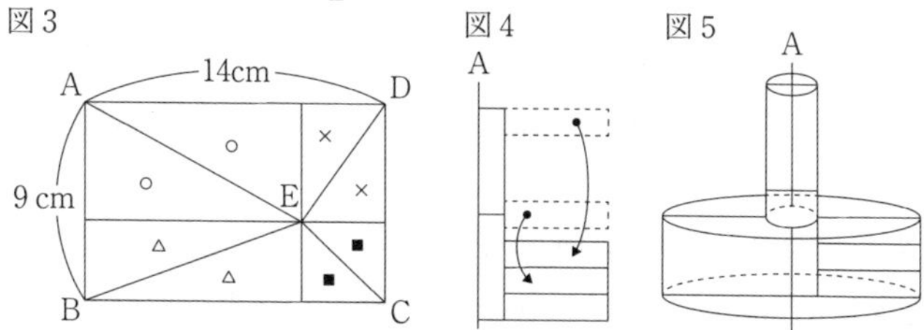

④　上の図４のように，•印のついた長方形を矢印のついた部分に移動してもできる図形の体積は変わらないから，できる図形は，上の図５のように，底面の円の半径が，$2+8=10$(cm)で，高さが，$2\times 3=6$(cm)の円柱と，底面の円の半径が２cmで，高さが，$8\times 2-2\times 3=10$(cm)の円柱を合わせたものになる。よって，できる立体の体積は，$10\times 10\times 3.14\times 6+2\times 2\times 3.14\times 10=(600+40)\times 3.14=640\times 3.14=2009.6$(cm^3)と求められる。

5 調べ

① ☆☆☆は，111.222…999のどれかになる。37×３＝111より，△＝７，□＝３，☆＝１とわかる。また，□△×○＝☆８○，つまり，37×○＝18○は，37×５＝185より，○＝５になる。よって，下の図１より，◇＝６，◎＝９となる。

② 問題文中の図で，Ｂが５，Ｄが３，Ｅが４になっていて，Ａが１，Ｃが２になっている。Ａが２，Ｃが１になるには，下の図２の▨部分のどこかに１本書き足せばよい。

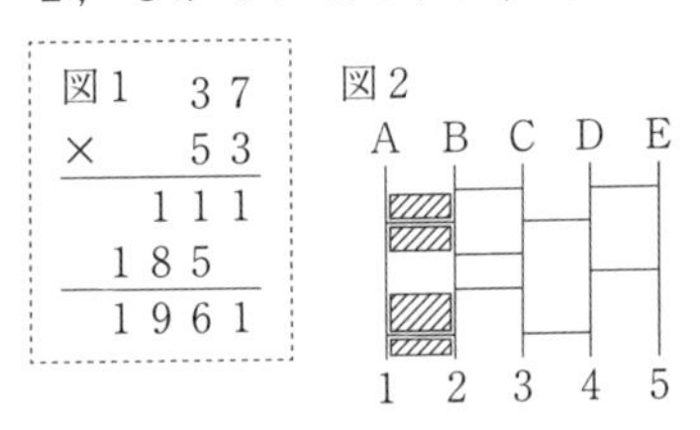

社　会　＜第１回特別奨学生入試＞（理科と合わせて45分）＜満点：50点＞

解　答

1 **問１** 東　**問２** 2.5　**問３** ウ　**問４** ア　**問５** ペリー　**2** **問１** Ａ　**問２** ア　**問３** （例）途上国の温室効果ガス排出量が増えたから。　**問４** ウ　**問５** 四日市ぜんそく　**3** **問１** エ　**問２** ウ　**問３** 雪舟　**問４** （例）質の高い生糸をつくる工場の手本とすることで輸出の割合を増やすため。　**問５** ア　**4** **問１** 法隆寺　**問２** イ　**問３** イ　**問４** エ　**問５** 関ケ原　**5** **問１** 基本的人権の尊重　**問２** エ　**問３** 条例　**問４** ウ　**問５** 秘密選挙

解　説

1 横須賀市の地形図を題材とした問題

問１ 地形図中の「京急久里浜駅」からみて，「横須賀港」は右にある。地形図には特に方位記号は示されていないので，この場合，一般的に上が北であり，右は東となる。

問２ 地形図の縮尺は25000分の１なので，地形図上の距離が約10cmの場合，実際の距離は10×25000＝250000(cm)＝2500(m)＝2.5(km)となり，約2.5kmとわかる。

問３ 「浦賀駅」から南に進むと，右手に警察署(⊗)がみえる。警察署をすぎたあと，左に曲がると右手に郵便局(〒)がみえ，道は海沿いに進む。交番(Ｘ)と消防署(Ｙ)がみえる角を右に曲がり道なりに進むとウに至る。

問４ 「西浦賀(六)」の周りには，老人ホームの地図記号(⌂)が２か所みられるので，アが正しい。「久里浜駅」は「京急久里浜駅」よりも北にあるので，イは誤り。「浦賀駅」から東に進むと，高速道路はみられないので，ウは誤り。なお，「浦賀駅」から西に進むと高速道路がみられる。「吉井(一)」の周りには，広葉樹林(Ｑ)や電波塔(でんぱとう)(♂)の地図記号がみられるが，果樹園(♁)の地図記号はみられないので，エは誤り。

問５ アメリカ海軍を率いて1853年に浦賀を訪れ，日本に開国をせまった人物は，ペリーである。

2 近畿地方を題材とした問題

問１　府県名と府県庁所在地名が異なり，北部にある六甲山の山をけずり，その土で南部の海を埋め立てているのは，兵庫県である。兵庫県の位置はＡで，県庁所在地は神戸市である。なお，地図中のＢは京都府，Ｃは滋賀県，Ｄは大阪府，Ｅは奈良県，Ｆは三重県，Ｇは和歌山県を示している。

問２　潮岬は本州最南端に位置しており，黒潮の影響などもあり冬でも気温は比較的温暖で，梅雨や台風の影響で夏から秋にかけて降水量が特に多いので，アが潮岬と判断できる。なお，イは京都市，ウは金沢市，エは札幌市の雨温図である。

問３　資料１より，1997年の対象国が「先進国のみ」であったのに対して，2015年は途上国を含む「参加国すべて」が対象となっている。資料２からは，2000年代から途上国の温室効果ガス排出量が急増し，2010年頃からは先進国を上回っていることが読み取れる。よって，1997年の対象国が「先進国のみ」であったのが，2015年の目標で対象国が「参加国すべて」になった理由は，途上国の温室効果ガス排出量が増えたためと考えられる。

問４　Ｇ(和歌山県)が全国の収穫量の６割以上を占めて第１位，1.5％のＦ(三重県)が第３位の農産物としては，ウのうめが適切である。なお，アのみかんの都道府県別の収穫量(2022年)は，和歌山県が全収穫量に占める割合が約22％で第１位であり，第２位は愛媛県，第３位は静岡県となっている。イのぶどうの都道府県別収穫量(2022年)の第１位は山梨県である。エの日本なしの都道府県別収穫量(2022年)の第１位は千葉県である。統計資料は「データでみる県勢　2023年版」(矢野恒太記念会編)による。

問５　Ｆ(三重県)で，四大公害病の１つに認定された公害病は，四日市ぜんそくである。四日市ぜんそくは石油化学コンビナートが立地している四日市市で発生した，亜硫酸ガスを原因物質とする公害病である。なお，四大公害病には四日市ぜんそく以外に，熊本県水俣市などで発生した有機水銀を原因物質とする水俣病，新潟県の阿賀野川流域で発生した有機水銀を原因物質とする新潟水俣病，富山県の神通川流域で発生したカドミウムを原因物質とするイタイイタイ病がある。

３　資料を題材とした日本の歴史についての問題

問１　埴輪がつくられていたころの日本は古墳時代で，大和政権(ヤマト王権)が各地域で勢力をもつようになっていたことから，エが適切とわかる。なお，アは弥生時代の日本のようすを述べている。イは縄文時代の日本のようすを述べている。ウは飛鳥時代の日本のようすを述べている。

問２　平城京は現在の奈良県北部に位置しているので，ウが適当と判断できる。

問３　室町時代に水墨画を大成したのは，雪舟である。

問４　資料２からは，江戸時代末期の日本では生糸が最大の輸出品であったことが読み取れる。また，資料１からは，明治時代に入ると生糸の品質が問題となり，外国から生糸の品質改善の要求が出されていることがわかる。外国からの生糸の品質改善の要求が出されたのと同じ年に富岡製糸場の建設が始まっていることから，富岡製糸場を質の高い生糸をつくる工場の手本とし，日本で質の高い生糸を多くつくれるようにすることで，輸出の割合を増やそうとしたと考えられる。

問５　吉田茂は1951年にサンフランシスコ平和条約に調印し，日本の独立を回復したときの内閣総理大臣なので，アが適切とわかる。なお，イは1925年に加藤高明が首相として行ったこと。ウは1960年に池田勇人が首相として行ったこと。エの非核三原則を表明し，1974年にノーベル平和賞を受賞した首相は佐藤栄作である。

４　古代から近世にかけての年表を題材とした歴史の問題

問1　聖徳太子が建てた，現存する世界最古の木造建築といわれる寺院は，法隆寺である。

問2　アは1588年に豊臣秀吉が出した刀狩令，イは743年に聖武天皇が出した大仏造立の詔，ウは1889年に発布された大日本帝国憲法，エは3世紀の日本について記した中国の歴史書の中の『魏志』倭人伝である。Ⅰの期間(604年～1180年)の間のものとしては，イが適当である。

問3　平清盛は日宋貿易を行ったので，このときの中国の王朝はイの宋とわかる。

問4　織田信長は，1575年に長篠の戦いに勝利し，現在の滋賀県に安土城を築いたので，エが適切。なお，ア，イ，ウはいずれも豊臣秀吉が行ったことである。

問5　徳川家康が，石田三成率いる西軍に勝利した1600年の戦いは，関ケ原の戦いである。

5　日本国憲法・地方自治・選挙を題材とした問題

問1　日本国憲法の三大原則は国民主権，基本的人権の尊重，平和主義であり，Yは「すべての人々がもつべき当然の権利を大切にする。」なので，基本的人権の尊重があてはまる。なお，Xは国民主権があてはまり，Zは平和主義があてはまる。

問2　地方自治体の仕事としては，エの道路や水道などの整備と管理があてはまる。地方自治体の主な仕事には他に，警察，消防，公立の学校の運営，ごみの収集と処理などもある。なお，アの法律案の審議は国会の仕事である。イの内閣の仕事の調査は国政調査権のことで，国会の仕事である。ウの外国との条約の締結は，内閣の仕事である。

問3　地方自治体の定める独自のきまりは，条例である。条例は，憲法や国の法令に違反しない範囲で，地方議会の議決によって制定される。

問4　衆議院議員と市町村長は，いずれも25歳以上が立候補できるので，ウの組み合わせが適切である。なお，地方議会議員は25歳以上が立候補でき，参議院議員と都道府県知事は30歳以上が立候補できる。

問5　メモ2に，投票所のつくえには，1人ずつのしきりが設けられていたとあるので，誰に投票したのかを他の人に見られないようにする工夫と考えられ，秘密選挙に関係するものと考えられる。

理　科　<第1回特別奨学生入試>（社会と合わせて45分）<満点：50点>

解　答

1 **問1**　エ　**問2**　(例)　同じ電気の量で，長く明かりをつけることができる。　**問3**　エ　**問4**　電磁石　**問5**　ウ　**問6**　直列つなぎ　**問7**　右の図　**2** **問1**　36g　**問2**　17%　**問3**　25g　**問4**　イ　**問5**　ウ　**問6**　アルカリ性　**問7**　ア

3 **問1**　イ　**問2**　ア　**問3**　ア　**問4**　消化液　**問5**　(例)　でんぷんを他の物質に変えるはたらき。　**問6**　ウ　**問7**　かん臓

4 **問1**　エ　**問2**　断層　**問3**　イ　**問4**　エ　**問5**　地しん　**問6**　ウ　**問7**　(例)　白っぽい鉱物が多いと，マグマのねばりけが大きく流れにくいため山の形がドーム状になるから。

解　説

1　電気の利用やはたらきについての問題

問１　電気をためておくことができ，電池のようにためた電気を放出することのできる器具のことをコンデンサー(蓄電器)という。

問２　問題文中の表より，明かりのついている時間は実験した３回とも発光ダイオードの方が長かったことから，同じ10秒間の発電でためた電気の量で，発光ダイオードは豆電球よりも長い時間明かりをつけることができることがわかる。

問３　洗たく機では，電気のエネルギーがモーターのはたらきで回転の運動エネルギーに変えられることで，水の流れをつくって洗たく物の汚れを落としている。

問４　導線を何回も同じ向きに巻いたものをコイルといい，このコイルの中に鉄くぎなどの鉄心を入れて電流が流れたときに磁力をもつようになるもののことを電磁石という。

問５　電磁石の磁力を強くするためには，コイルの巻き数を増やしたり，電磁石に流れる電流の大きさを大きくすればよい。ここでは，導線を200回巻いたコイルに２個の電池を直列につないだものが最も磁力が強い電磁石である。

問６　かん電池の＋極をもう１つのかん電池の－極につなぎ，電流の通り道である回路が１つになるようなかん電池のつなぎ方を直列つなぎという。

問７　電磁石に流れる電流の向きが反対になると，電磁石の磁極も反対に入れ替わる。ここで，鉄くぎの頭の方に方位磁針のＮ極が向いた状態から電流の向きが反対になると，鉄くぎの頭の方向に方位磁針のＳ極が向くようになる。

2　もののとけ方や水よう液の性質についての問題

問１　問題文中の図２より，20℃の水50mLに食塩は18.0ｇとけるので，20℃の水100mLにとける食塩の重さは，$18.0\times\frac{100}{50}=36.0$(ｇ)である。

問２　40℃の水50mLに10ｇのミョウバンをすべてとかした水よう液の濃度は，$10\div(10+50)\times100=16.66\cdots$より，およそ17％である。

問３　40℃の水50mLにミョウバンは11.9ｇとけ，20℃の水50mLには5.7ｇしかとけないので，20℃まで冷やすと，その差の分だけミョウバンの結しょうが出てくる。よって，水が200mLのとき，出てくるミョウバンの重さは，$(11.9-5.7)\times\frac{200}{50}=24.8$(ｇ)より，およそ25ｇとなる。

問４　20℃の水50mLにとけるミョウバンが5.7ｇであるのに対して，食塩は18.0ｇとけるので，40℃の水50mLにそれぞれ10ｇずつとかしたビーカーを20℃にすると，ミョウバンをとかしたビーカーＡにのみとけ残りが見られる。

問５　炭酸水は，水に気体の二酸化炭素がとけた水よう液である。二酸化炭素は水に少ししかとけないため，試験管をふったとき，とけていた二酸化炭素があわになって出てきたと考えられる。

問６　赤色リトマス紙に液をつけたとき，青色に変化させる性質をもった水よう液はアルカリ性の水よう液である。なお，４つの水よう液の中で，アルカリ性はアンモニア水だけなので，水よう液Ｄはアンモニア水となる。

問７　水よう液Ｅは，赤色と青色どちらのリトマス紙も色が変化しなかったことから，中性の食塩水である。また，問５より，水よう液Ｃは炭酸水で，水よう液Ｆは，青色リトマス紙を赤色に変化させる酸性の水よう液だから，うすい塩酸とわかる。

3 ヒトのからだのつくりとはたらきについての問題

問１　地球の空気にふくまれる成分の約21％をしめているものは酸素である。酸素がふくまれる割合は，ヒトのはく空気にふくまれる割合の方が，ヒトの吸う息にふくまれる割合よりも小さくなる。これは，空気にふくまれる酸素の一部がヒトの呼吸によって体内に取り込(こ)まれたためである。

問２　心臓は全身に血液を送り出すポンプのはたらきをしている。なお，食べ物をからだに吸収されやすい養分に変えているのは胃や小腸などの消化器官，血液中の不要なものをこし出して，尿(にょう)に変えているのはじん臓，血液中の酸素と二酸化炭素の交かんを行っているのは肺である。

問３　二酸化炭素が多くふくまれる静脈血が流れているのは，からだの各部から心臓に戻(もど)ってくるＤの大静脈と，心臓から肺に送り出されていくＣの肺動脈である。

問４　だ液や胃液のように，食べ物をからだが吸収しやすい養分に変えるはたらきをもった液を消化液という。

問５　だ液を入れた試験管Ｐでは，40℃の水に30分入れた後にヨウ素液を加えると色が変化しなかったことから，でんぷんがなくなったことがわかる。よって，だ液には，でんぷんを分解して他の物質に変えるはたらきがあると考えられる。

問６　食べ物が消化されてできた養分は水分と共に，Ｙの小腸で体内に吸収される。その後，小腸で吸収しきれなかった水分が，Ｘの大腸で吸収されて便がつくられる。

問７　小腸から吸収された養分のうち，ブドウ糖はかん臓に送られてグリコーゲンに変化して一時的にたくわえられる。

4 大地の変化についての問題

問１　火山灰の観察では，火山灰を蒸発(じょうはつ)皿に入れ，水を加えて指の腹でおしつぶしながらかき混ぜていき，水を何度か交かんしながら同じ操作を水がにごらなくなるまでくり返し，残ったつぶを乾燥(かんそう)させたものをけんび鏡で観察する。

問２　地層に横から力が加わったとき，地層の弱い部分がずれて地層にくいちがいが生じたものを断層という。

問３　つぶの大きいれきは，すぐに沈(しず)むので，ａのように積もる。一方，つぶの小さいどろは，なかなか沈まずに遠くまで流されるので，ｃのところに積もる。

問４　日本の近くでは，太平洋プレートやフィリピン海プレートのような海のプレートが，北米プレートやユーラシアプレートのような陸のプレートの下に沈み込むように動いている。

問５　海のプレートが沈み込むときに，陸のプレートを引き込んで生じたひずみが限界に達すると，引き込まれた陸のプレートがはね上がる。このときに発生するのが海溝型地しんである。

問６　ねばりけの強いマグマが冷えてできた火成岩によってできた火山の形は，ウのような盛り上がったドーム状になる。

問７　セキエイなどの白っぽい鉱物を多くふくむマグマは，ねばりけが強くなって流れにくくなるために，火山の形が盛り上がってドーム状になる。

国語 <第2回特別奨学生入試>（45分）<満点：100点>

解答

□一 **問1** 過去に犯し **問2** エ **問3** （例） 戦争や戦争のあとの混乱があった(から。) **問4** （例） 戦争は今の日本人に関係のないことだと思っていたのに，おばあちゃんが戦争のときにもう生まれていたことを知った(から)。 **問5** ウ **問6** **a** みんなには迷惑かけるかもしれない **b** 今からでも勉強したい **問7** イ **問8** ア，エ □二 **問1** ア **問2** （例） (楽観主義者は)自分は成功するという確信をもち，不安が生じるのを避ける。／(防衛的悲観主義者は)悪い結果が出ると確信し，何が起こるかわからない不安から逃れる。 **問3** ウ **問4** **a** ありとあらゆる失敗の可能性 **b** コントロール **問5** **C** オ **D** イ **問6** (1) （例） なんとかなる (2) **ア** B **イ** A **ウ** A **エ** C **問7** ⓐ はっき ⓑ，ⓒ，ⓔ 下記を参照のこと。 ⓓ ね(り) □三 **問1** **1** イ **2** ア **3** エ **4** オ **5** ウ **問2** **1** 相対 **2** 臨時 **3** 支出 **4** 複雑 **5** 生産

●漢字の書き取り

□二 **問7** ⓑ 浴(びる) ⓒ 解放 ⓔ 安易

解説

□一 **出典：山本悦子『夜間中学へようこそ』**。夜間中学に通いたいと，いきなり言い出したおばあちゃんの話を，「わたし」とお父さんとお母さんが聞き，そのことについて家族で話し合う。

問1 おばあちゃんは，「夜間中学」に通うことを，みんなに「なんだか言いにくくてさ」と申し訳なさそうに言った後，まるで「過去に犯した罪を告白する」かのように，通いたい理由を「つっかえつっかえ語りだした」のである。

問2 お父さんは，機嫌を悪くして，学校に通う「理由を説明してくれよ」とおばあちゃんに言ったのだから，Aは，緊張などのため表情がかたくなるようすを表す，「顔がこわばった」とするのがよい。「話すしかない」とおばあちゃんは決めたようなのだから，Bは，決心したという意味である，「腹をくくった」とするのがふさわしい。おばあちゃんは，「中学校は卒業どころか入学もしていない」などと語り出し，そのことが信じられなかった「わたし」は，思わず「嘘」と言ってしまったのだから，Cには「口」が入るとわかる。おばあちゃんが「漢字はほとんど読めないし，書けない」と知ったお父さんは，「なんだ，それ……」と言っているのだから，Dは，事態がよくわからず困り果てるようすを表す，「頭を抱えた」となる。

問3 おばあちゃんが学校に「数えるほどしか行っていない」のは，「不登校」や「病気」のためではなく，当時は「戦争とか戦争のあとの混乱」のために「学校に行けない子どもがいた」からだと，お母さんが教えてくれている。

問4 「わたし」は「戦争の時代のことなんて，今の日本人には全く関係ない」ことで，戦争のころ「日本にいた人たちは，もうみんな亡くなっているのだと思いこんでいた」ので，おばあちゃんが「戦争のとき，もう生まれてた」と聞いて，驚いてしまったのである。

問5 「おばあちゃん，立派だわ」というお母さんの意見に同意を求められたお父さんは，一応

「そうだな」と答えていて，おばあちゃんが夜間中学に通うことに反対しているわけではないとわかる。しかし，お父さんは，おばあちゃんが夜間中学に通いたいのだということを「今初めて聞いた」ために「機嫌が悪く」なり，その後，すでに入学を決めてきたとわかったときも「不機嫌な声を出し」ている。このようなようすから，おばあちゃんがひとりで勝手に決めることに対し，不満があるのだろうと読み取れる。

問６　**a**　おばあちゃんは，自分が夜間の学校に通うことで「みんなには迷惑かけるかもしれない」と考えている。　**b**　お母さんは，「今からでも勉強したい」という気持ちを「立派だわ」とほめている。

問７　少し前でお父さんは，「夜だし，危なくないか？」と言っている。つまり，お父さんの心配は「夜出歩くこと」である。

問８　お父さんは，おばあちゃんが夜間中学へ通うことについて，「べつにそんなところに通う必要なんてない」と思っているようなのだから，イは合わない。「わたし」が「お父さんの機嫌をそこねないように」しているようすは描かれていないので，ウも正しくない。「実はもう，入れてくださいって，校長先生にお願いしてきちゃった」とおばあちゃんは打ち明けているので，オも適切ではない。

二　**出典：外山美樹『勉強する気はなぜ起こらないのか』**。一般的に，よくないものと思われている「悲観主義」について，「防衛的悲観主義」という視点から論じられている。

問１　「心理学の世界」では，「楽観主義者」を成功しやすい人と考え，「悲観主義者」を失敗しやすい人と考えているので，楽観的な「ポジティブ思考」が「善」で，悲観的な「ネガティブ思考」を「悪」と考えるのが「一般的な考え方」といえる。

問２　「楽観主義者」は，「自分は成功するにちがいない」という確信をもち，不安の原因となる「自分が成功するのか，それとも失敗するのか」といった結果については考えないことで，「不安が生じることを避け」ている。これに対して，「防衛的悲観主義者」は，これから遭遇する状況において「悪い結果が出るにちがいない」と確信することで，「何が起こるのかわからない不安から逃れる」ようにしていると説明されている。

問３　ウの前には，「自分は失敗するにちがいない」と前もって予想しておくと「実際に失敗した時のショックを和らげることができる」という内容が述べられている。また，ウの後には「自分が傷つくことをあらかじめ防衛しておくことが，『防衛的悲観主義』とよばれる理由」であると述べられている。もどす文は，実際に失敗したときに落ちこまないですむための「緩衝材」として「防衛的悲観主義の人」は「悲観的思考」を用いるという内容なので，この部分をウにもどすと文脈がつながる。

問４　「うんざりするほど悪いほう悪いほうに想像してしま」うことは，直後で「ありとあらゆる失敗の可能性を考えることができる」と言い換えられている。そのような人として挙げられているＡ子さんは，授業中に発表をするにあたり，「ネガティブな結果を具体的に想像」したことで，「おのずとやるべきことは見え」て，発表の練習を繰り返した。その結果，「本番を迎える頃にはその心配事に対する不安をコントロール」でき，「何が起きても大丈夫」という自信をもてるようになったのである。

問５　**C**　前では，Ａ子さんの「悲観的に失敗の可能性を考え続け」ているようすが述べられている。後では，このようなＡ子さんの「ネガティブ思考は，ただのネガティブ思考」ではなく「やるべきこと」が見えることにつながるとある。よって，前のことがらを受けて，それに反する内容を述べるときに用いる「しかし」が入る。　**Ｄ**　前では，「おのずとやるべきことは見え」たとあり，後では，「やるべきことに集中するだけ」だと述べられている。よって，前のことがらを受けて，それに続く内容が述べられることを表す「そして」が合う。

問６　⑴　３の因子は，「前向きと楽観の因子」なので，苦境にあっても「なんとかなる」「大丈夫」など，状況を前向きにとらえられるような言葉が入ると考えられる。　⑵「防衛的悲観主義」は，「ありとあらゆる失敗の可能性を考え」たり，その失敗に対する「具体的な対策」を考えたりして，失敗したときの不安を和らげようとする考え方なので，イとウが「防衛的悲観主義」にあたる。これに対して「防衛的楽観主義」は，「結果について考えることを避け」て，本番前には「リラックス」や「気晴らし」をすることで不安が生じないようにするのだから，アが合う。不安がだんだんと「薄(うす)まっていき，失敗を忘れ」られたというエは，どちらにもあてはまらない。

問７　ⓐ　持っている特性や能力などを十分に表し出すこと。　ⓑ　音読みは「ヨク」で，「日光浴」などの熟語がある。　ⓒ　心や体の制限などを取り除いて自由にすること。　ⓓ　音読みは「レン」で，「練習」などの熟語がある。　ⓔ　たやすいこと。

三　慣用句の知識，対義語の知識

問１　**１**「目が回る」は，非常に忙しいこと。　**２**「首を長くする」は，期待して待ちこがれるようすを表す。　**３**「鼻が高い」は，得意になっているという意味。　**４**「肩を並べる」は，対等な位置に立っていること。　**５**「気が気でない」は，心配ごとが気にかかって心が落ち着かないようす。

問２　**１**「絶対」は，比較(ひかく)するものや対立するものがほかにないこと。対義語は，ほかと比較して関係づけてとらえるという意味の「相対」。　**２**「定例」は，定期的に行われるという意味。対義語は，そのときどきの状況に応じて行うことを意味する「臨時」。　**３**「収入」は，入ってきた金銭などを自分の所有とすること。対義語は，金銭などを支払うという意味の「支出」。　**４**「簡単」は，易しいこと。対義語は，ものごとの仕組みや事情などがこみ入っていて理解が容易でないことを表す「複雑」。　**５**「消費」は，使ってなくすという意味。対義語は，必要なものをつくり出すという意味の「生産」。

Memo

Memo

Memo

2023年度 東京家政大学附属女子中学校

【算　数】〈第２回入試〉（45分）〈満点：100点〉

〔注意〕・解答用紙の**2**～**5**には（途中式）の欄があります。（途中式）の欄は考え方や計算を書くのに利用して下さい。
・問題に使用されている図は正確にかかれているとはかぎりません。

1 次の計算をしなさい。

① $36+64\div4\div2$

② $23\times49-29\times23$

③ $3.4\times0.8-3.24\div1.2$

④ $\frac{3}{4}-2\frac{1}{12}\div3\frac{5}{9}\times\frac{8}{15}$

⑤ $1\frac{2}{7}\times4.2-0.45+\frac{5}{24}\div4\frac{1}{6}$

⑥ $\left(1\frac{1}{3}-0.75\right)\div\left(\frac{5}{6}+1.25\right)\times\frac{5}{7}$

2 次の ☐ にあてはまる数を答えなさい。

① 27の倍数のうち、最も100に近いのは ☐ です。

② おにぎり４種類，飲み物３種類があります。それぞれ１種類ずつ選ぶとき、その選び方は ☐ 通りあります。

③ 国語，算数，社会の３科目のテストの平均点が76点で、理科のテストが56点のとき、国語，算数，社会，理科の４科目の平均点は ☐ 点です。

④ 仕入れ値が2000円の商品を、2500円で売るとき、仕入れ値の ☐ ％の利益を見込んで売ることになります。

3 次の問いに答えなさい。

① りえさんは９時ちょうどに家を出発し、駅に向かいました。その後、家にいた兄がりえさんの忘れ物に気がつき、９時10分に自転車でりえさんを追いかけました。りえさんの歩く速さが毎分50m、兄が自転車で進む速さが毎分250mであるとき、忘れ物を受け取った場所は家から何m離れた地点ですか。

② はじめ、あゆみさんと姉の所持金の比は１：４でしたが、２人とも400円ずつもらったので、所持金の比は１：３になりました。あゆみさんのはじめの所持金は何円ですか。

③ 現在、父の年齢(ねんれい)は66歳(さい)、カレンさんの年齢は27歳です。父の年齢がカレンさんの年齢の４倍だったのは、今から何年前ですか。

④ 下のグラフは、２本のバネＡとバネＢにつるしたおもりの重さとバネの長さの関係を表したものです。おもりをつるしていないときのバネＢの長さは何cmですか。

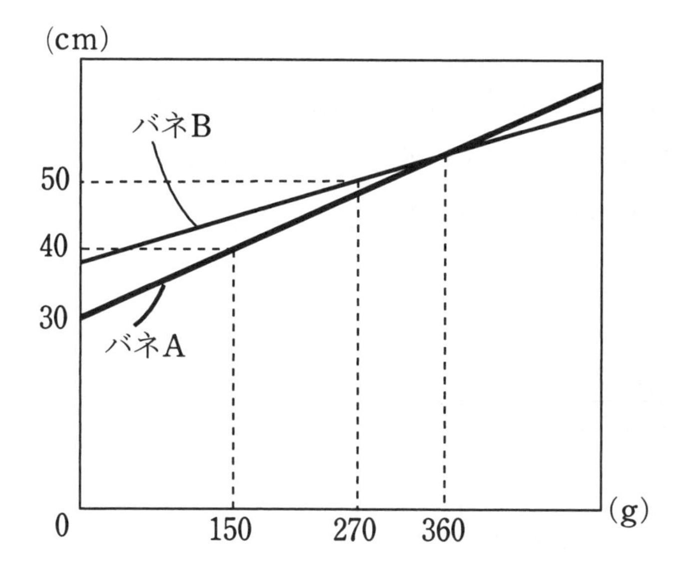

4 次の問いに答えなさい。

① 下の図のように長方形を折りました。このとき、角 x の大きさは何度ですか。

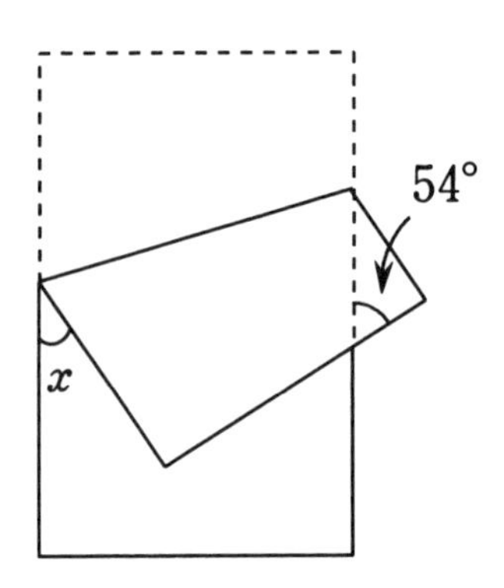

② 下の図は、直方体の形をした、ふたのない容器の展開図です。この容器を組み立てて水を入れると、水は何 cm^3 まで入りますか。ただし、容器の厚さは考えないものとします。

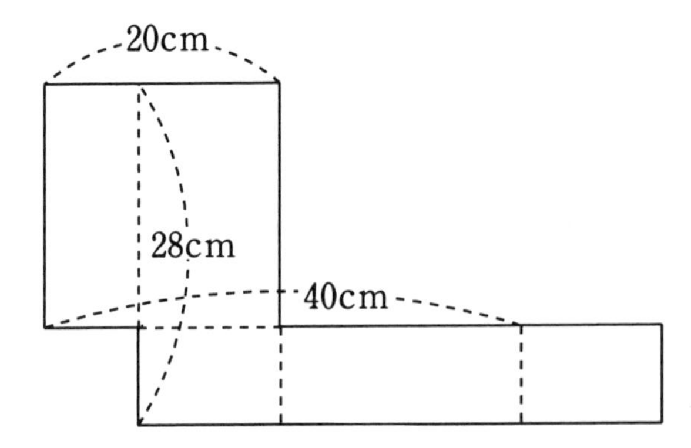

③　下の図のように、縦の長さが 10m で、横の長さが 12m の長方形の土地の中に、幅（はば）が 3m の道をつくりました。このとき、(⋯) の部分の面積の和は何 m^2 ですか。

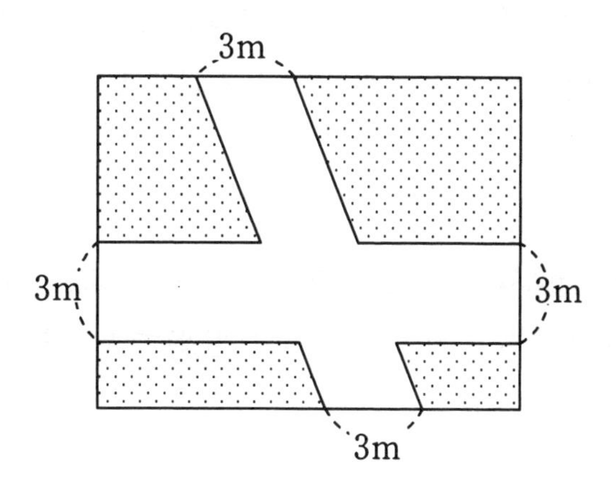

④　下の図のように、円柱から直方体をくりぬいた立体があります。円柱の底面の円は直径が 20cm で、直方体の底面はその円にちょうど入る正方形です。高さが 35cm であるとき、残った立体の体積は何 cm^3 ですか。

（ただし、円周率は 3.14 とします。）

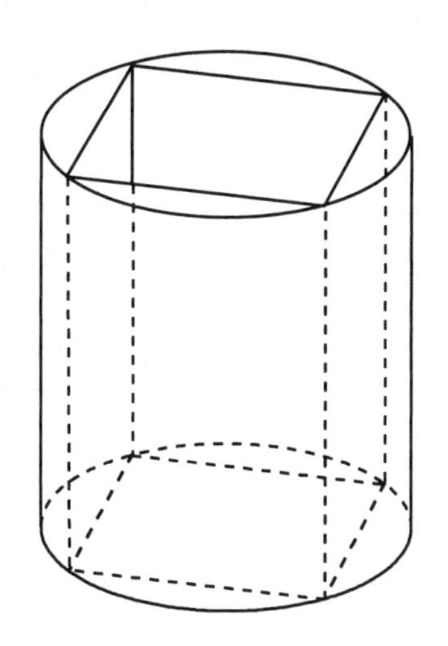

5 次の問いに答えなさい。

35人のクラスで、委員を何人か選ぶための選挙をします。35人全員が1人1票で、立候補者1名の名前を書いて投票し、無効票はないものとします。どのような場合でも必ず当選できる得票数は次のように考えることができます。

例えば、委員を1人選ぶとき、立候補者が少ないほど、1人に集まる票は多くなるので、立候補者が2人のときの当選できる最低得票数を考えれば、立候補者が3人以上のときでも、必ず当選することができます。よって、35÷2＝17 あまり 1 より、18 票得票すれば、必ず当選することができます。

① 委員を2人選ぶとき、何票得票すれば必ず当選できますか。

② 全校生徒250人の学校で生徒会長1人を決める選挙をしました。A さん，B さん，C さん，D さんの 4 人が立候補し、途中経過は次の表のようになりました。B さんが必ず当選するためには、あと何票必要ですか。

立候補者	A さん	B さん	C さん	D さん
得票数（票）	70	60	50	40

【社　会】〈第２回入試〉（理科と合わせて45分）〈満点：50点〉

1　佐賀県の一部を示した次の地形図をみて、あとの問いに答えなさい。

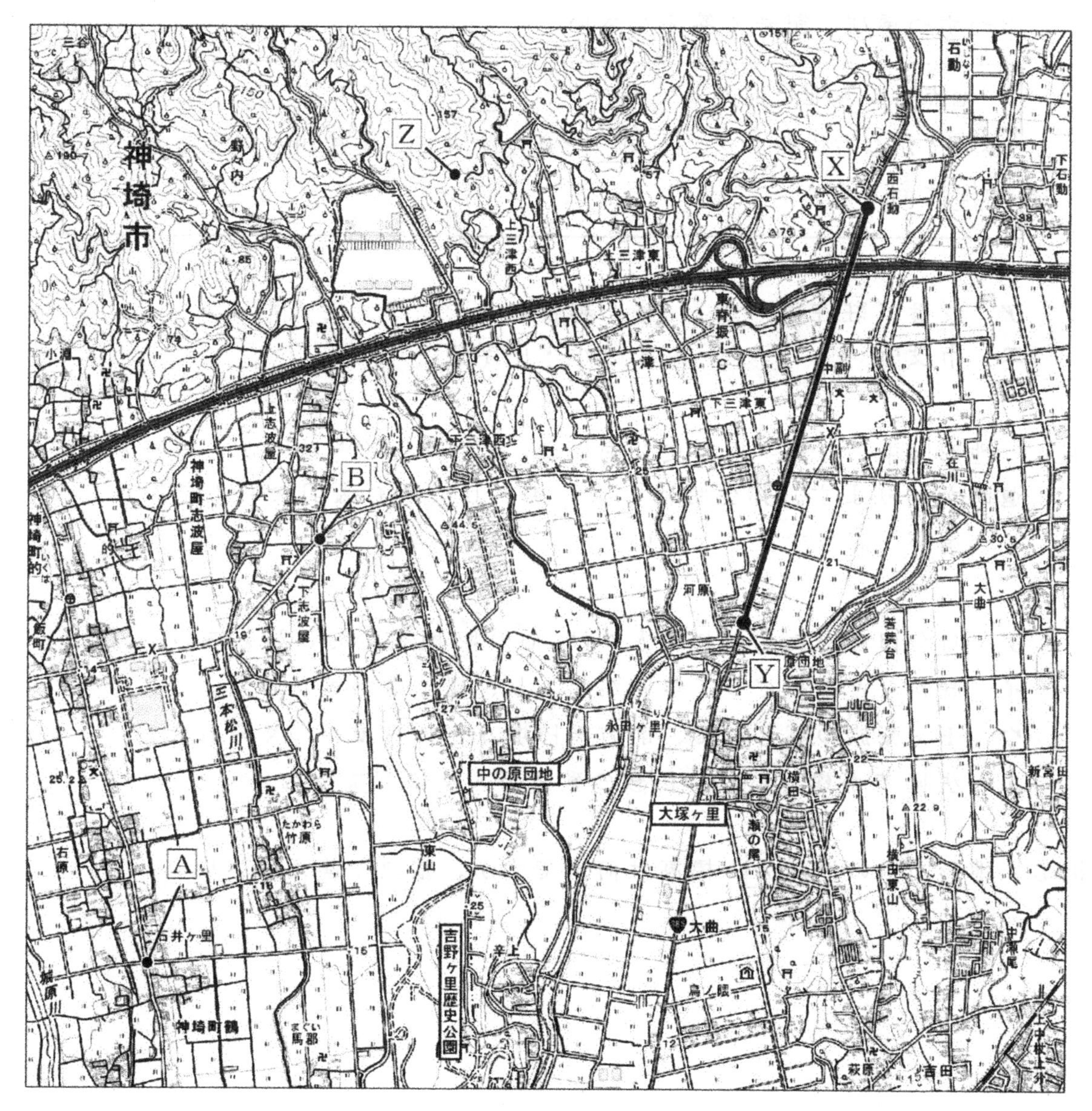

（国土地理院発行２万５千分の１地形図「仲原」）

問１　地形図中の大塚ヶ里（おおつかがり）からみて、中の原（なかのはら）団地はどの方角にありますか。四方位で答えなさい。

問２　地形図中の地点 X から地点 Y までは、地形図上の直線距離（きょり）で６㎝です。実際の距離は何kmですか。

問３　次の文章は、地形図中の地点[A]から地点[B]まで歩いたときのメモです。文章中の[　①　]、[　②　]にあてはまる建物をそれぞれあとから１つずつ選び、記号で答えなさい。

> 地点[A]から北に向かって進むと、[　①　]が左手にみえた。しばらく歩いてから右に曲がり、[　②　]を通りすぎて三本松川(さんぼんまつがわ)をこえると、地点[B]に到着(とうちゃく)した。

ア　交番（駐在所(ちゅうざいしょ)）　**イ**　郵便局　**ウ**　老人ホーム
エ　市役所　**オ**　小・中学校

問４　地形図中の吉野ヶ里(よしのがり)歴史公園には、弥生(やよい)時代の遺跡(いせき)である吉野ヶ里遺跡があります。弥生時代のようすとして最も適切なものを次から１つ選び、記号で答えなさい。

ア　口分田をあたえられた人々は、稲(いね)の収穫高(しゅうかくだか)の約３％を納めていた。
イ　食料などをめぐって争いが起こり、柵(さく)や濠(ほり)が築かれた。
ウ　王や豪族(ごうぞく)の墓として、前方後円墳(ぜんぽうこうえんふん)などの古墳(こふん)がつくられた。
エ　法隆寺(ほうりゅうじ)が建てられ、仏教の教えが人々に広まった。

問５　地形図中の地点[Z]の標高は何ｍですか。整数で答えなさい。

2　次の地図Ａ～Ｄをみて、あとの問いに答えなさい。

A

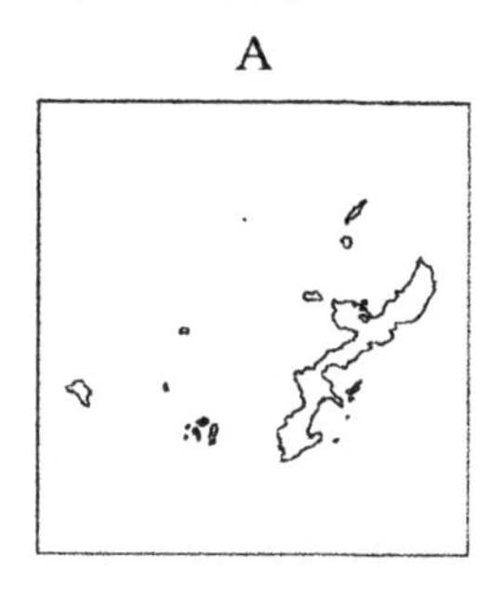

B

C

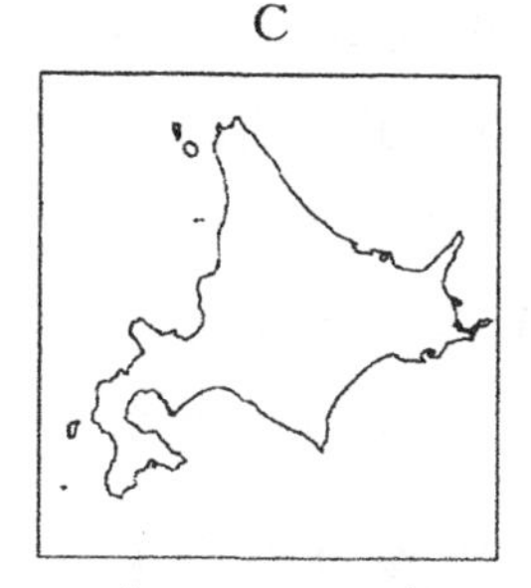

D

（Ａ～Ｄの縮尺は同じではない。）

問１　次の**ア**～**エ**のグラフは、それぞれＡ～Ｄの都道府県の都道府県庁所在地の雨温図を示しています。Ａの都道府県にあてはまるものを１つ選び、記号で答えなさい。

ア

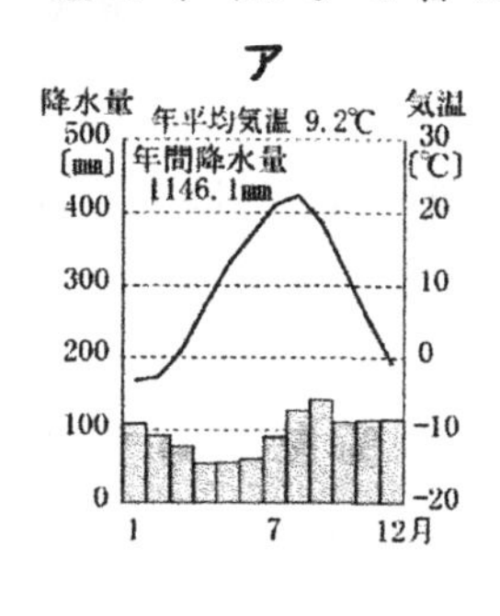

イ

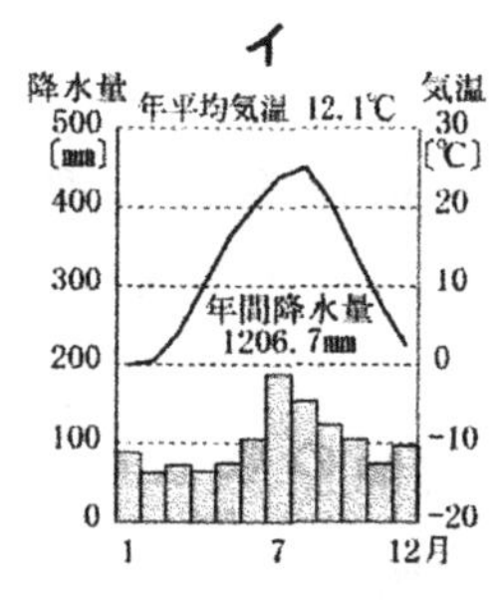

ウ

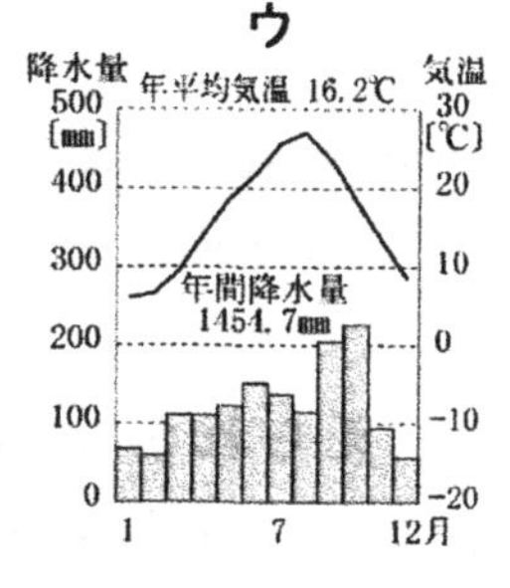

エ

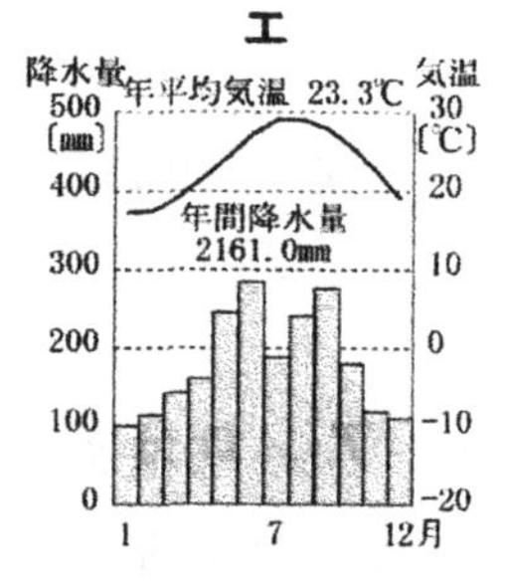

（「理科年表」2022年）

問２　Ｂの都道府県では米づくりがさかんです。次の資料１、２からわかる、米づくりの工夫とその効果について、簡潔（かんけつ）に書きなさい。

資料１　米づくりの労働時間の変化

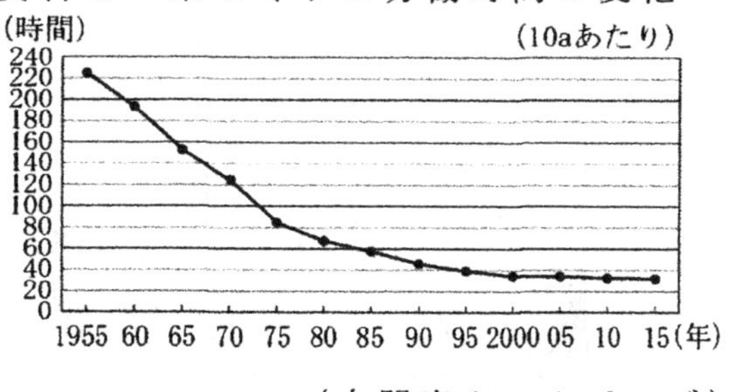

（内閣府ホームページ）

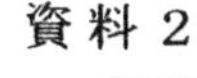
資料２

問３　Ｃの都道府県は都道府県別の漁獲量（ぎょかく）が日本一です。日本の漁業について、以下の各問いに答えなさい。

①　ち魚などを、あみを張った海や人工的な池で大きくなるまで育ててとる漁業を何といいますか。

② 右の資料3は、日本の漁業別生産量の変化を示したものです。資料3から読み取れることとして最も適切なものを次から1つ選び、記号で答えなさい。

資料3

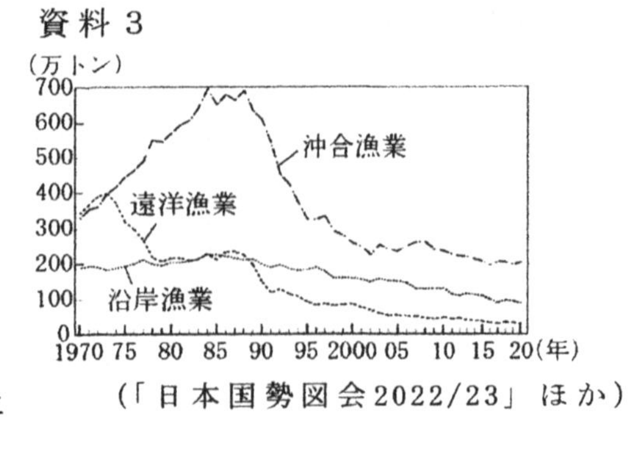

(「日本国勢図会2022/23」ほか)

ア 1970年には3つの漁業のうち沖合(おきあい)漁業の漁獲量が最も多かったが、2020年には最も少なくなった。

イ 2020年における遠洋漁業の漁獲量は、最も多いときと比べて300万トン以上減少している。

ウ 1970年と2020年を比較(ひかく)して、漁獲量が増えているのは沿岸漁業のみである。

エ 2020年の沖合漁業、沿岸(えんがん)漁業、遠洋(えんよう)漁業の漁獲量の合計は約400万トンであり、1970年よりも増加している。

問4 Dの都道府県について、以下の各問いに答えなさい。

① Dの都道府県に位置する工業地域の名前を漢字で答えなさい。

② Dの都道府県には日本最大級の貿易港があります。次のグラフP～Rは、それぞれ1960年、1980年、2020年の日本の輸出額の内訳のいずれかを示しています。このグラフを年代の古い順に左から並べ、記号で答えなさい。

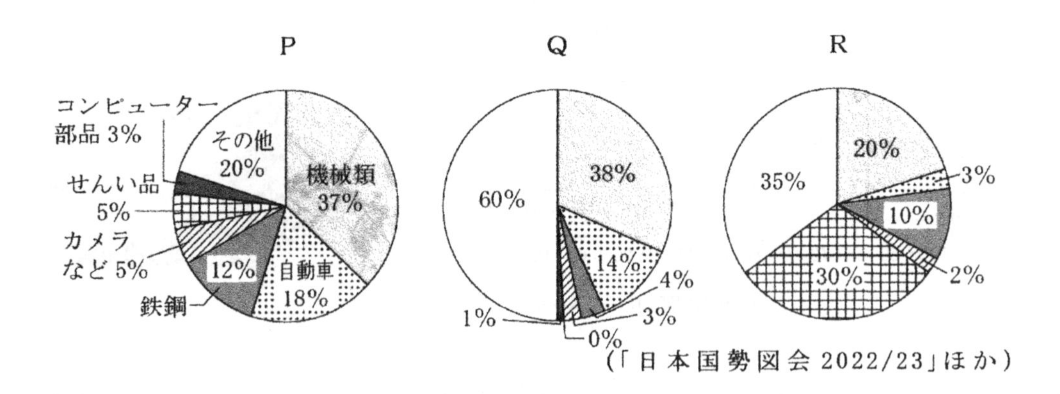

(「日本国勢図会 2022/23」ほか)

3　次の資料Ａ～Ｅは、日本の歴史に関係する建物やできごとのようすを示しています。これらをみて、あとの問いに答えなさい。

資料Ａ

資料Ｂ

資料Ｃ

資料Ｄ

資料Ｅ

問１　資料Ａは、聖武(しょうむ)天皇の宝物が納められている、奈良(なら)時代につくられた建物です。資料Ａの建物の名前を、漢字で答えなさい。

問２　資料Ｂは、鎌倉幕府(かまくらばくふ)を開いた源頼朝(みなもとのよりとも)の像です。鎌倉幕府が開かれた場所として最も適切なものを右の地図中の**ア**～**エ**から１つ選び、記号で答えなさい。

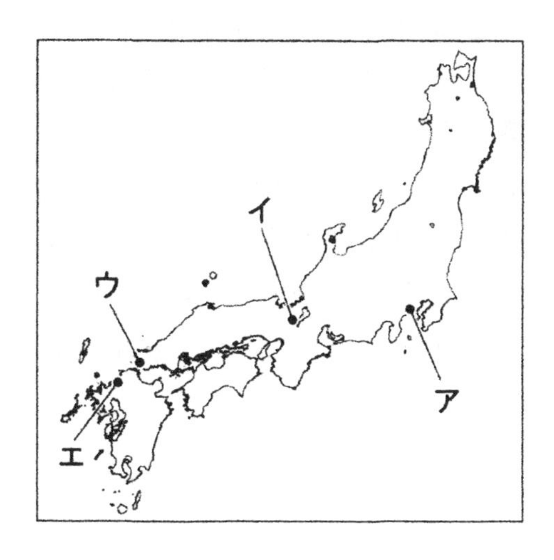

問３　資料Ｃは栃木県にある日光東照宮(にっこうとうしょうぐう)を示しており、ここには江戸(えど)幕府初代将軍(しょうぐん)である徳川家康(とくがわいえやす)がまつられています。江戸幕府が定めた、全国の大名を取りしまるためのきまりを何といいますか。漢字５文字で答えなさい。

問4　さくらさんは、資料Dが表しているできごとについてレポートを作成しました。次のレポートを読み、［X］にあてはまる内容を、「法律」という語句を用いて簡潔(かんけつ)に書きなさい。

【ノルマントン号事件とは】
資料Dは、ノルマントン号事件を表した絵です。1886年、イギリス船のノルマントン号が和歌山県沖で沈没(ちんぼつ)しました。そのさい、乗客のうちイギリス人は全員救出されましたが、日本人の乗客は救出されず、全員がおぼれて亡くなりました。

【裁判の結果】
はじめの裁判の結果、イギリス人の船長は無罪でした。また、再度行われた裁判でも、軽いばつしか与(あた)えられませんでした。

【考えたこと】
イギリス人の船長が裁判で重いばつを受けなかった理由は、［X］だと考えました。

問5　資料Eは、東海道(とうかいどう)新幹線の開業式のようすです。開業式と同じ年に起こったできごととして最も適切なものを次から1つ選び、記号で答えなさい。

ア　日中共同声明(にっちゅうきょうどうせいめい)が結ばれ、中国からパンダがおくられた。
イ　石油危機が発生し、高度経済成長が終わった。
ウ　日本がソ連との国交を回復し、国際連合への加盟が認められた。
エ　日本ではじめてのオリンピック・パラリンピックが開催(かいさい)された。

4 次の年表は、日本の文化についてまとめたものです。これをみて、あとの問いに答えなさい。

	できごと
８世紀	「あ古事記(こじき)」がつくられる
９世紀	かな文字が生まれ、すぐれたい文学が書かれる
1489年	う銀閣(ぎんかく)が建てられる
1774年	杉田玄白(すぎたげんぱく)らが「え解体新書(かいたいしんしょ)」を出版する
2022年	お沖縄が「本土復帰」５０周年を迎える

問１　年表中の下線部あについて、「古事記」と同時代につくられた、地方の自然や産物について書かれた書物を何といいますか、漢字で答えなさい。

問２　年表中の下線部いについて、平安時代にかな文字を用いて書かれた作品とその作者の組合せとして最も適切なものを次から１つ選び、記号で答えなさい。

ア　作品・・・源氏(げんじ)物語　　作者・・・紫式部(むらさきしきぶ)
イ　作品・・・源氏物語　　作者・・・清少納言(せいしょうなごん)
ウ　作品・・・平家(へいけ)物語　　作者・・・紫式部
エ　作品・・・平家物語　　作者・・・清少納言

問３　年表中の下線部うについて、以下の各問いに答えなさい。

①　下線部うを建てた人物の名前を、漢字で答えなさい。

②　下線部うが建てられたのは室町(むろまち)時代です。室町時代の文化として**誤っているもの**を次から１つ選び、記号で答えなさい。

ア　雪舟(せっしゅう)が全国各地を回り、すみ絵（水墨画(すいぼくが)）を大成させた。
イ　観阿弥(かんあみ)・世阿弥(ぜあみ)親子が能(のう)（能楽）を大成させた。
ウ　床(とこ)の間がもうけられた書院造(しょいんづくり)の建物がつくられた。
エ　堺(さかい)の商人であった千利休(せんのりきゅう)が茶の湯を大成させた。

問４　年表中の下線部ぇは、江戸時代に出版されました。次の資料１は江戸時代の大名の種類について、資料２は江戸時代の大名の配置を示しています。江戸時代の大名の配置にはどのような工夫がみられますか。資料１、２を参考にして、簡潔(かんけつ)に書きなさい。

資料１

【大名の種類】
・親藩(しんぱん)・・・徳川家の親せき。
・譜代(ふだい)・・・古くから徳川家の家来だった大名。
・外様(とざま)・・・関ヶ原(せきがはら)の戦いよりもあとから徳川家に従った大名。

資料２

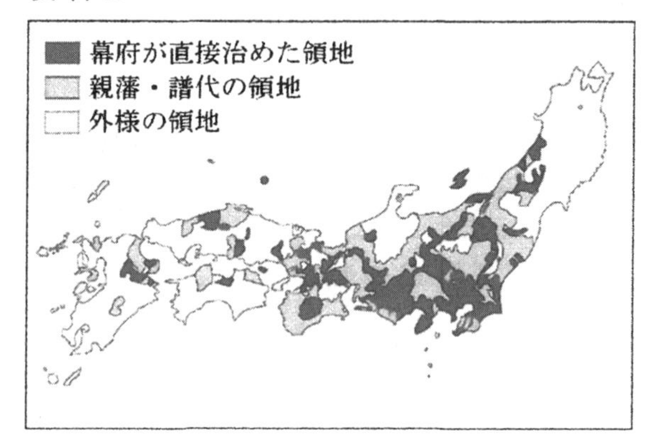

問５　年表中の下線部ぉについて、２０１９年に首里城が火災で焼失しました。以下の写真で首里城を示すものはどれですか。最も適切なものを次から１つ選び、記号で答えなさい。

ア

イ

ウ

エ

5 次のメモ1〜4をみて、あとの問いに答えなさい。

メモ1

1946年に公布された日本国憲法では、［A］、基本的人権の尊重、平和主義の3つの原則が定められています。

メモ2

日本の国の政治は、国会、内閣、裁判所の3つの機関で役割を分散させる、三権分立という制度をとっています。

メモ3

市区町村の政治では、住民に直接請求（せいきゅう）権という権利が認められており、条例の制定や首長の解職などの請求ができます。

メモ4

2016年から、選挙権が満18歳（さい）以上に引き下げられました。選挙権の年齢（ねんれい）が引き下げられたのはこれで2回目です。

問1 メモ1中の［A］にあてはまる語句を漢字で答えなさい。

問2 メモ2に関連して、次の文は国会・内閣・裁判所それぞれの働きを説明したものです。ア〜エのうち内容として**誤りがあるのはどれですか**。1つ選び、記号で答えなさい。

ア 憲法改正の発議は国会の仕事である。
イ 国会の召集（しょうしゅう）を決めるのは内閣の仕事である。
ウ 弾劾（だんがい）裁判所を設置するのは裁判所の仕事である。
エ 最高裁判所の長官を指名するのは内閣の仕事である。

問3 メモ2に関連して、右の図は、三権分立のしくみを示したものです。図中のCにあてはまる内容として最も適切なものを次から1つ選び、記号で答えなさい。

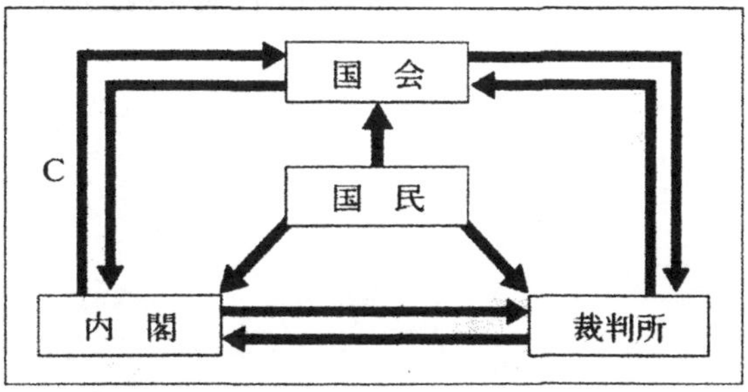

ア 衆議院の解散の決定　**イ** 最高裁判所長官の指名
ウ 内閣総理大臣の指名　**エ** 憲法違反（いはん）の審査（しんさ）

問４　メモ３について、有権者数が15万人の市に住んでいるみずきさんは、自分の住んでいる市で新しく条例を制定してほしいと思い、署名を集めることにしました。みずきさんは何人以上の署名を集める必要がありますか。次の表を参考にして、答えなさい。

<table>
<tr><th colspan="2">請求の種類</th><th>必要な署名数</th><th>請求先</th></tr>
<tr><td colspan="2">条例の制定・改廃(かいはい)の請求</td><td rowspan="2">(有権者数の)
50分の1以上</td><td>首　長</td></tr>
<tr><td colspan="2">監査(かんさ)請求</td><td>監査委員</td></tr>
<tr><td colspan="2">議会の解散請求</td><td rowspan="3">(有権者数の)
3分の1以上</td><td rowspan="2">選挙管理委員会</td></tr>
<tr><td rowspan="2">解職請求</td><td>首長・議員</td></tr>
<tr><td>おもな公務員</td><td>首　長</td></tr>
</table>

問５　メモ４に関連して、次の資料１は、日本の有権者数の変化を示しています。ある年の選挙のようすを示した下の写真が撮影(さつえい)された年を資料１中の**ア**～**エ**から１つ選び、記号で答えなさい。

資料１

(万人)
縦軸：0　1000　2000　3000　4000　5000　6000　7000　8000　9000　10000　11000　12000
横軸：1890　1902　1920(ア)　1928(イ)　1946(ウ)　2016年(エ)

(総務省資料ほか)

写真

【理　科】〈第２回入試〉（社会と合わせて45分）〈満点：50点〉

1　てこのしくみを調べるため，**実験１**を行いました。また，ふりこのしくみを調べるため，**実験２**を行いました。

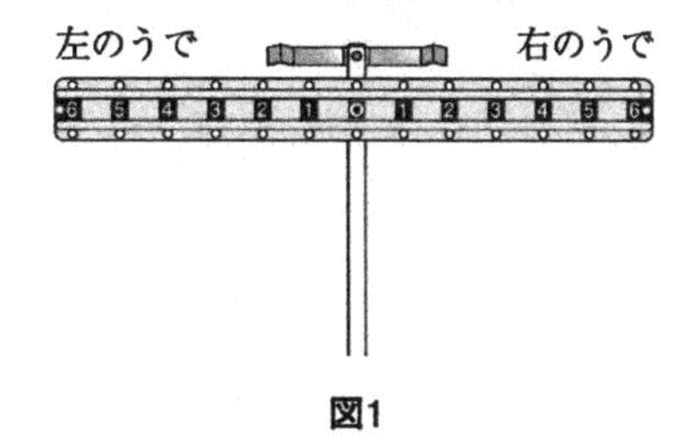

図1

【実験１】図１のような実験用てこの右のうでと左のうでのいろいろな位置に，１個 20ｇのおもりをつるし，左右のうでがつり合う条件を調べました。

① **図２**のように，左のうでの６の位置におもりを１個つるし，てこがつり合うように，右のうでにおもりをつるしました。

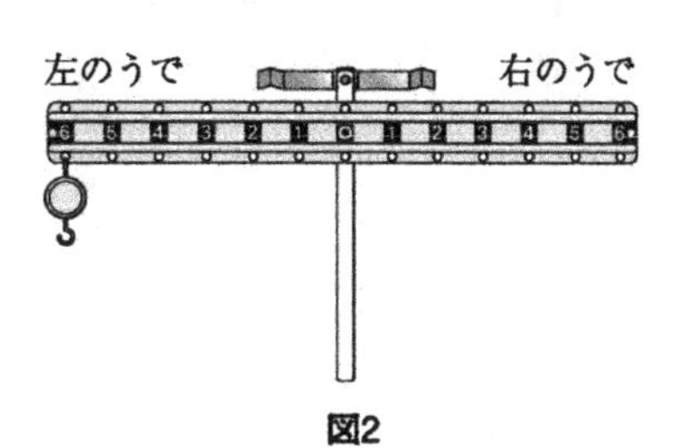

図2

② **図３**のように，左のうでの３の位置に重さのわからないふくろをつるし，右のうでの６の位置におもりを３個つるしたところ，てこがつり合いました。

③ **図４**のように，**図３**のふくろをつるしたまま，右のうでのおもりをとりはずし，指で右のうでの４の位置をおして，てこをつり合わせました。

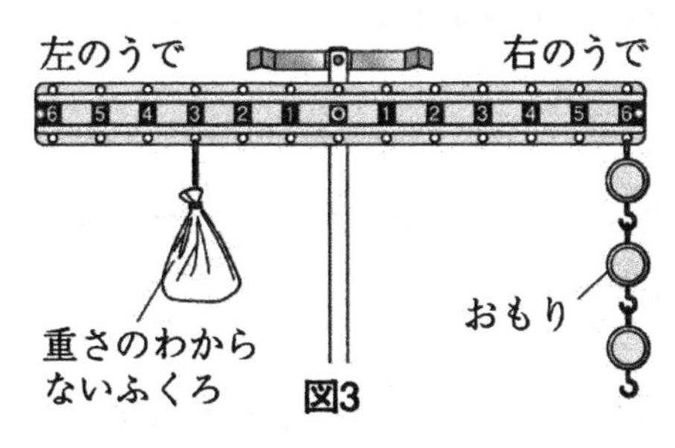

図3

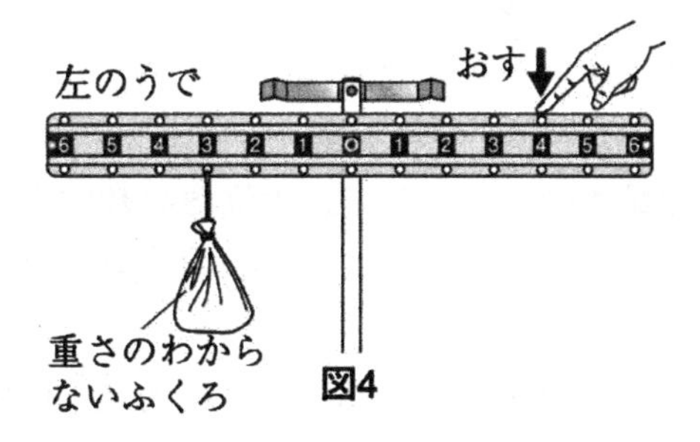

図4

問１　**実験１**の①で，てこがつり合ったときのようすとして正しいものはどれですか。次の**ア**～**エ**から１つ選び，記号で答えなさい。

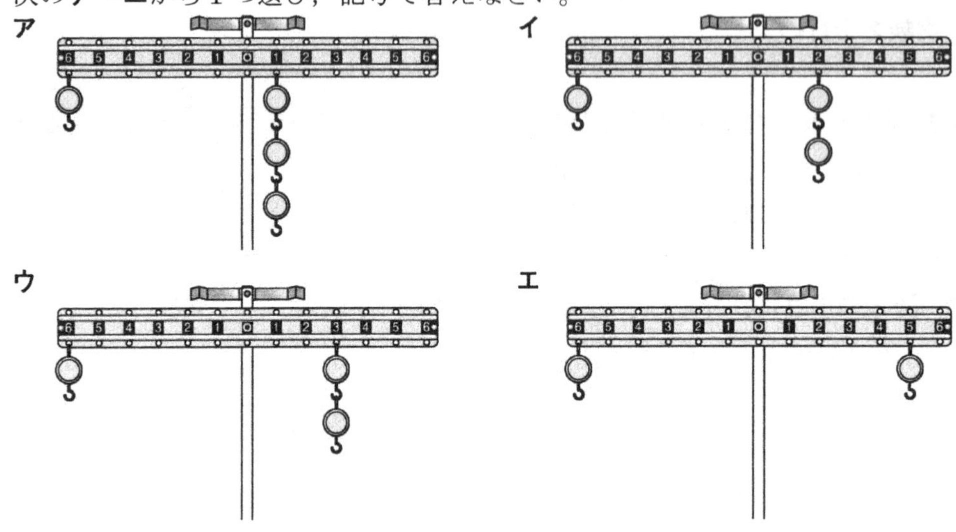

問２　**実験１**の②で，ふくろの重さは何ｇですか。

問３　**実験１**の③で，手がおしている力の大きさは，同じ場所におもりをつるした場合，何ｇのおもりをつるしたときと同じになりますか。

問４　**実験１**の③で，手でおす位置の数字を小さくしていくと，手がてこをおす手ごたえはどうなっていきますか。10字以内で書きなさい。

問５　**実験１**の③と同じ順に支点，力点，作用点がならんでいない道具を，次の**ア**～**エ**から１つ選び，記号で答えなさい。

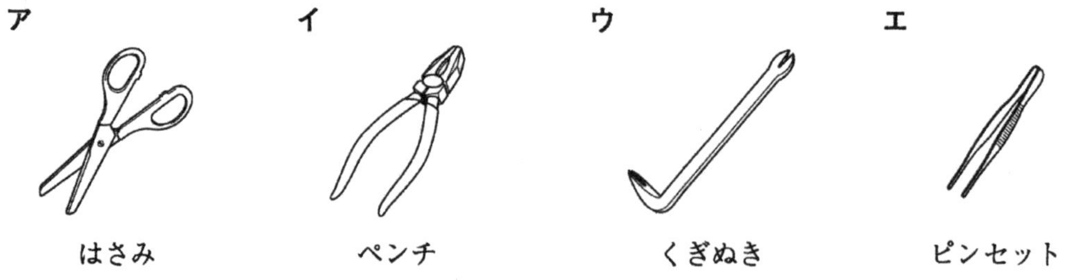

【実験２】 図５のようなふりこをつくり，ふりこが１往復する時間には何が関係するかを，次のようにして調べました。

① ふりこの長さは，30cm のものと 60cm のものを用意しました。

② おもりの重さは，20ｇのものと 40ｇのものを用意しました。

③ ふれはばは，30° と 60° にしました。

④ ①～③の条件をいろいろ組み合わせ，ふりこが10往復する時間を調べました。**表**は，その結果をまとめたものです。

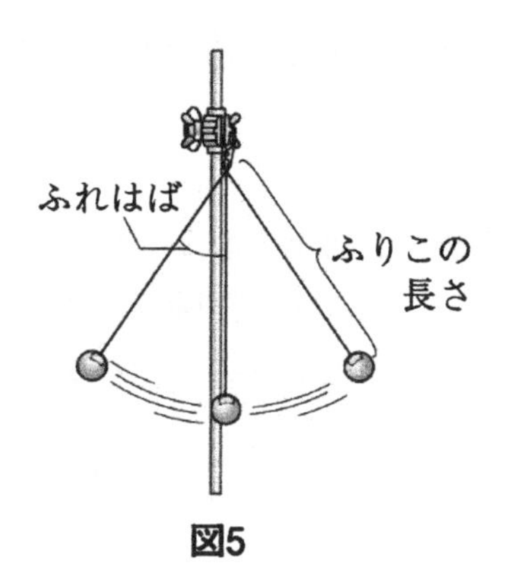

図5

表

	A	B	C	D
ふりこの長さ〔cm〕	30	30	60	60
おもりの重さ〔ｇ〕	20	40	20	20
ふれはば〔°〕	30	30	30	60
10往復する時間〔秒〕	11.4	11.4	15.6	15.6

問６ **実験２**で，ふりこが１往復する時間を調べるのに，下線部のように10往復する時間をはかるのはなぜですか。25字以内で説明しなさい。

問７ **実験２**で，おもりの重さと１往復する時間の関係を調べるには，**表**のＡ～Ｄのどれとどれを比べるとよいですか。Ａ～Ｄから２つ選び，記号で答えなさい。

問８ **実験２**で，ふりこの１往復する時間が変化するのは，何を変えたときですか。次の**ア**～**ウ**から１つ選び，記号で答えなさい。

ア ふりこの長さ　　**イ** おもりの重さ　　**ウ** ふれはば

2 水の温度によるすがたの変化と体積について調べるため，**実験１**，**実験２**を行いました。

【実験１】図１のようにして，試験管に水を入れ，ぼう温度計を水に入れて温度をはかりながら試験管の水を冷やしてすべて氷にしました。**図２**のグラフは，このときの温度の変化をまとめたものです。

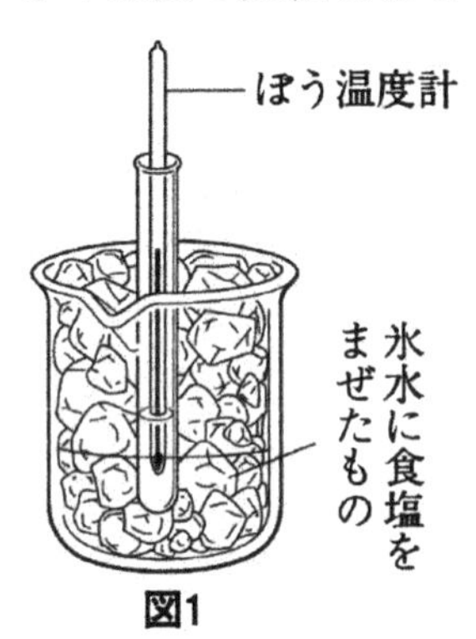

図1

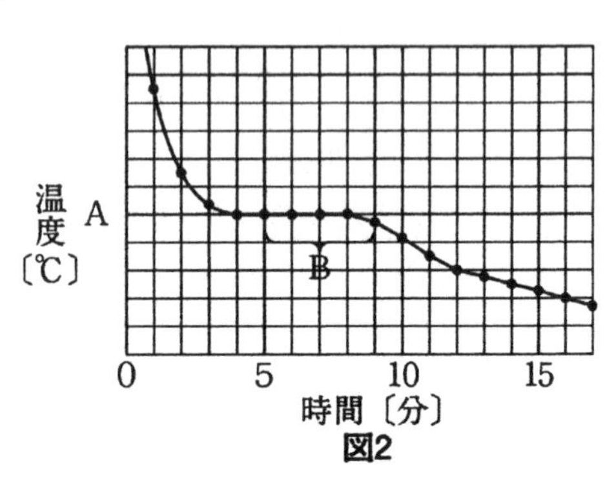

図2

問１　**実験１**で，**図２**のAの温度は何℃ですか。

問２　**実験１**で，**図２**のBの間，試験管の中はどのようになっていますか。15 字以内で答えなさい。

問３　**実験１**で，水が氷になったときの体積を，水のときと比べたものとして正しいものを，次の**ア**～**ウ**から１つ選び，記号で答えなさい。

ア　大きくなった。　　**イ**　小さくなった。　　**ウ**　変わらなかった。

【実験２】ビーカーに水を入れ，液面に印をつけてから，**図３**のようにしてビーカーをあたためると，はじめに水の中から小さなあわがたくさん出てきましたが，100℃近くになると，水の中からさかんにあわが出てくるようすが見られました。

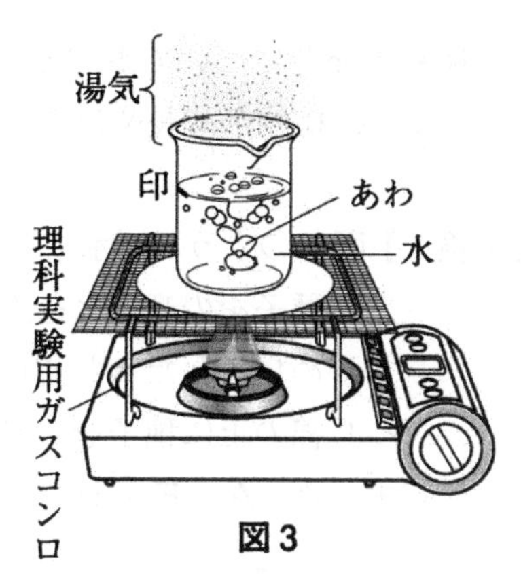

図３

問４　**実験２**で，水が 100℃近くになって，中からさかんにあわが出てくることを何といいますか。名前を書きなさい。

問５　**実験２**で，あたためられているビーカーの中の水の動き方を矢印で表したものとして正しいものを，次の**ア**～**エ**から１つ選び，記号で答えなさい。

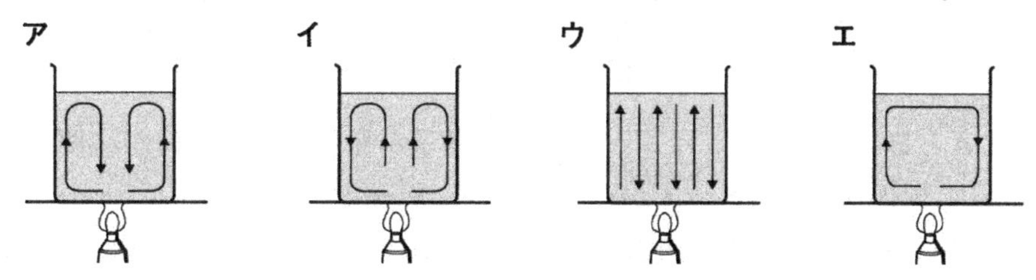

問６　**実験２**で，加熱をやめたあと，水面はどうなっていますか。次の**ア**～**ウ**から１つ選び，記号で答えなさい。また，そのようになる理由を 25 字以内で説明しなさい。

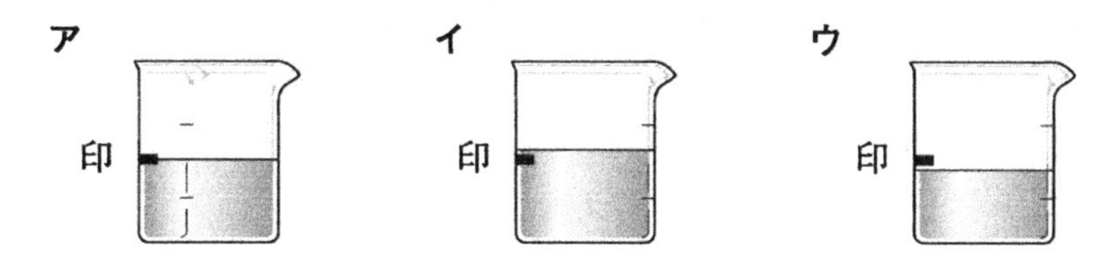

問７　氷の状態，湯気(ゆげ)の状態をそれぞれ何といいますか。次の**ア**～**ウ**から１つずつ選び，記号で答えなさい。

ア　液体　　　**イ**　気体　　　**ウ**　固体

3 植物の発芽について調べるため，インゲンマメの種子を使って，**実験１**を行いました。また，植物の成長やはたらきについて調べるため，**実験２**を行いました。

【実験１】 **図１**のように，水でしめらせただっし綿の上に種子をのせた**A**，だっし綿の上に種子をのせ，水を入れた**B**，かわいただっし綿の上に種子をのせた**C**，水でしめらせただっし綿の上に種子をのせ，箱をかぶせた**D**，水でしめらせただっし綿の上に種子をのせ，アイスボックスに入れて５℃にたもった**E**を用意しました。**A**～**E**をあたたかい場所に置いて観察を続けたところ，**A**と**D**が発芽しました。

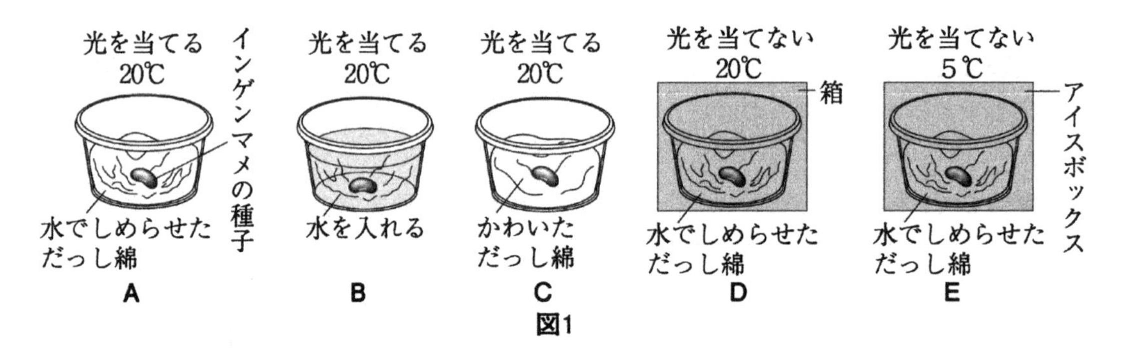

図1

問１ **実験１**で，**A**と**B**を比べると，インゲンマメの種子が発芽するのに何が必要であることがわかりますか。次の**ア**～**エ**から１つ選び，記号で答えなさい。

ア 水　**イ** 空気　**ウ** 適当な温度　**エ** 日光

問２ **実験１**で，**A**と**C**を比べると，インゲンマメの種子が発芽するのに何が必要であることがわかりますか。次の**ア**～**エ**から１つ選び，記号で答えなさい。

ア 水　**イ** 空気　**ウ** 適当な温度　**エ** 日光

問３ **実験１**の結果から，種子が発芽するのに必要ではない条件は何であることがわかりますか。次の**ア**～**エ**から１つ選び，記号で答えなさい。

ア 水　**イ** 空気　**ウ** 適当な温度　**エ** 日光

問４ 発芽する前のインゲンマメの種子を半分に切り，切り口にヨウ素液をかけたところ，青むらさき色になりました。**図２**のような，発芽して本葉が出たころのインゲンマメのなえから子葉をとり，子葉にヨウ素液をかけると，子葉の色はどうなりますか。次の**ア**，**イ**から１つ選び，記号で答えなさい。また，そのようになる理由を簡単に書きなさい。

図2

ア 青むらさき色になる。　**イ** 変化しない。

【実験２】 **図３**のように，本葉が４～５枚(まい)ほど出たインゲンマメのなえを３つ用意し，なえ**A**，**B**を日光の当たる場所に置き，**A**は肥料を入れた水を，**B**は水をあたえました。**C**は箱をかぶせて日光が当たらないようにして，肥料を入れた水をあたえて育てました。

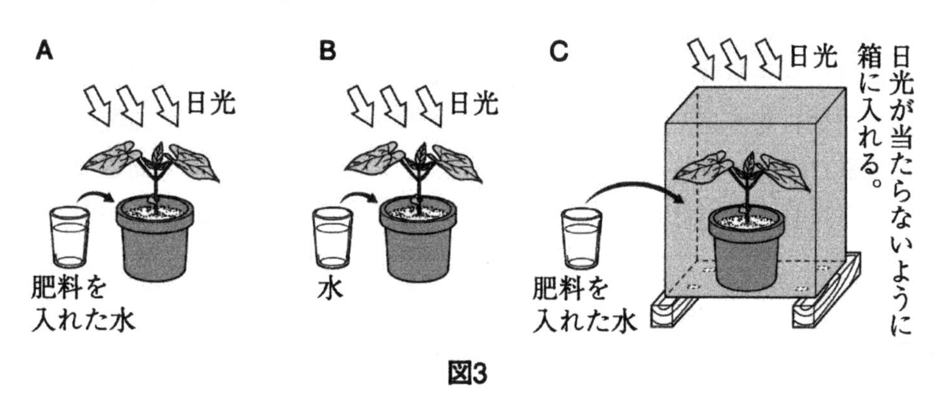

図3

問５　**実験２**で，葉がこい緑色になり，大きく育ったなえはどれですか。次の**ア**～**オ**から１つ選び，記号で答えなさい。

ア　**A**　　**イ**　**B**　　**ウ**　**C**　　**エ**　**A**と**B**　　**オ**　**A**と**C**

4　天気について調べるため，**観察**と**調査**を行いました。

【観察】

①　午前９時に空のようすを観察し，空全体を雲がおおっている割合(わりあい)をスケッチして，空全体を 10 としたときの雲の量を**図１**のように記録しました。また，雨が降(ふ)っているか調べたところ，雨は降っていませんでした。

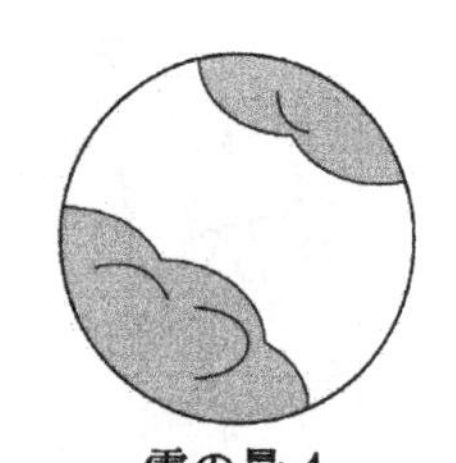

雲の量４

図1

②　午前９時から午後３時まで，１時間ごとに気温をはかりました。

③　①と②を行った次の日，午前９時から午後３時まで１時間ごとに気温をはかり，②と③の結果を**表**にまとめました。

表

時刻〔時〕		9	10	11	12	1	2	3
気温〔℃〕	１日目	16	18	22	23	25	26	24
	２日目	12	13	13	14	13	14	12

問１　**観察**の１日目の９時の天気は，雲の量から晴れと判断しました。空全体を 10 としたときの雲の量が８のときの天気は，何と判断できますか。

問２　**観察**の②と③で，気温のはかり方として正しいものを，次の**ア～エ**から１つ選び，記号で答えなさい。

ア　温度計に日光が当たるようにして，地上から１mくらいの高さではかる。
イ　温度計に日光が当たらないようにして，地上から１mくらいの高さではかる。
ウ　温度計に日光が当たるようにして，地上から１m50cm くらいの高さではかる。
エ　温度計に日光が当たらないようにして，地上から１m50cm くらいの高さではかる。

問３　**観察**の１日目の気温の変化を，グラフに表しなさい。

問４　**観察**の２日目の天気はくもりでした。その理由として，観察結果からわかることを 20 字以内で書きなさい。

【調査】全国各地の雨量や気温，風向，風力などを自動的に計測してまとめるシステムのデータを調べ，天気の変化のしかたについて考えました。また，気象衛星から送られてきた雲画像を調べました。**図２**の**ア～ウ**は，雲画像のようすです。ただし，日付の順にはならんでいません。

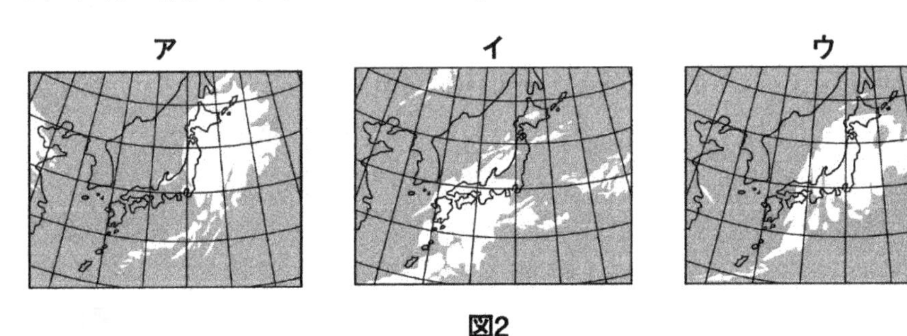

図2

問５　下線部のシステムを何といいますか。カタカナ４字で書きなさい。

問６　**図２**の**ア～ウ**を日付の順にならべかえて，左から記号で答えなさい。

問７　日本では昔から，夕焼けが見えると次の日は晴れることが多いといわれています。なぜ夕焼けが見えた次の日は晴れるのか，その理由を説明しなさい。

【英語(筆記)】 〈第１回入試〉 (30分) 〈満点：70点〉

〈編集部注：**1**～**3**はリスニングテストです。また，筆記のほかに面接(５分・満点30点)があります。
本誌においては，編集の都合上，筆記のみを掲載しております。実物の入試問題では，**5**の枠内は
カラー印刷です。〉

1 英語を聞いて、その内容に合う絵を選ぶ問題です。これから短い英語の対話文を２度くりかえして読みます。その内容に合う絵を**1～3**の中から１つ選び、番号で答えなさい。

2 イラストを参考にしながら英語を聞き、最も適切な応答を選ぶ問題です。これから、短い英語の対話とそれに続く応答を２度くりかえして読みます。対話の最後の文に対する応答として最も適切なものを**１～３**の中から１つ選び、番号で答えなさい。

No. 1

No. 2

No. 3

No. 4

3 英語を聞いて答えを選ぶ問題です。これからまとまった内容の英文と、その内容に関する英語の質問を２度くりかえして読みます。質問の答えとして最も適切なものを**１～３**の中から１つ選び、番号で答えなさい。

No. 1
1 He works at a post office.
2 He works at a department store.
3 He works at a museum.

No. 2
1 She cooks it on Mondays.
2 She cooks it on Tuesdays.
3 She cooks it on Wednesdays.

No. 3　**1**　Asako is.
2　Satomi is.
3　Yuka is.

No. 4　**1**　Asako's father teaches baseball to high school students on Saturdays.
2　Satomi is interested in music, and her dream is to be a musician.
3　Yuka practices basketball with her team for an hour and thirty minutes a week.

※〈リスニングテスト放送原稿〉は，英語の問題のうしろに掲載してあります。

4　次の（１）から（５）までの（　　）に入れるのに最も適切なものを**ア～エ**の中から１つ選び、記号で答えなさい。

（１）　He (　　) a dictionary from his father last Sunday.

ア　get　　**イ**　gets　　**ウ**　getting　　**エ**　got

（２）　Jane is really (　　), so she can buy many things.

ア　sleepy　　**イ**　cloudy　　**ウ**　boring　　**エ**　rich

（３）　A : Are those Yumi's magazines?
B : Yes, they are (　　).

ア　she　　**イ**　her　　**ウ**　hers　　**エ**　Yumi

（４）　A : Can you show a (　　) to me?　I want to check where we go.
B : Here you are.

ア　map　　**イ**　coat　　**ウ**　eraser　　**エ**　bookshelf

（５）　A : Mother, I need your help!
B : Just a (　　), I will be there soon.

ア　lesson　　**イ**　moment　　**ウ**　trouble　　**エ**　danger

5 小学校６年生のさくらさんが、友達のみどりさんと東京家政大学附属女子中学校で行われる文化祭について話しています。次の会話を読んで、以下の問いに答えなさい。

Tokyo Kasei Junior High School

School Festival

1-18-1 Kaga, Itabashi, Tokyo
Sunday, October 23, 2022
10:00 A.M.—4:00 P.M.

Schedule of Events

Club	Time	Place	Information
Illustration	10:00 a.m.	Free Space	You can draw many pictures.
Science	11:00 a.m.	*Biotope and Science Room	Let's pick some leaves or flowers in the Biotope and make our own bookmarks!
Brass Band	1:00 p.m.	School Garden	We will play famous Disney songs.
Chorus	2:00 p.m.	Kasei Hall	Let's sing some songs!
Cheerleading	3:00 p.m.	School Garden	You can try cheerleading after our performance.

To get to Tokyo Kasei Junior High School, walk 5 minutes from Jujo Station.
If you would like to join our festival, please sign up on our website.
(https://www.tokyo-kasei.ed.jp)

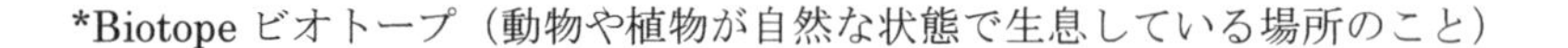
*Biotope ビオトープ（動物や植物が自然な状態で生息している場所のこと）

Midori: Good morning, Sakura!
Sakura: Good morning, Midori! Do you have any plans for this Sunday?
Midori: I don't have any plans. Why?
Sakura: Well, my sister invited me to her school festival. She goes to Tokyo Kasei Junior High School and she is a second year student at the school. Why don't we go to the festival together?
Midori: Sounds fun! Where is Tokyo Kasei Junior High School?
Sakura: It's near Jujo Station. It's not far from our house. I have a poster for the festival.
Midori: Oh, there are a lot of events at the school festival! I want to see the Brass Band Club's performance because (1). What club is your sister in?
Sakura: My sister is in the Science Club. So, I want to join the Science Club's activity.
Midori: So do I.
Sakura: I'll sign up for the festival and call you later!
Midori: Thank you, Sakura!

（１） Fill in the blank (1).

ア I like Disney songs
イ I don't like listening to music
ウ I'm interested in cheerleading
エ I'm not interested in playing the trumpet

（２） Where will Sakura and Midori go, if they join the Science Club's event?

ア The Free Space
イ The School Garden
ウ The Biotope and Science Room
エ Kasei Hall

（３） How will Sakura sign up for the festival?

ア On the school's website.
イ On the school's poster.
ウ On the school's phone.
エ By e-mail.

6 次の絵を説明する英文を２文で書きなさい。ただし、それぞれ指定された語を含め、５語以上で書くこと。

(１) Tom ______________________________.

(２) Lucy ______________________________.

〈リスニングテスト放送原稿〉

これから英語のリスニングテストを行います。

25ページを見なさい。**1**から**3**まで，全部で３つあります。

英文はすべて２度ずつ読まれます。放送を聞きながら，問題用紙の余白にメモをとってもかまいません。

答えはすべて解答用紙に書きなさい。では，**1**のテストから始めます。

1 英語を聞いて，その内容に合う絵を選ぶ問題です。これから短い英語の対話文を２度くりかえして読みます。その内容に合う絵を１から３の中から１つ選び，番号で答えなさい。

No. 1　A（男）：　Look at that big dog with the man wearing a black T-shirt.　It's lovely!
　　　B（女）：　Yes!（２秒）

くり返します。

（くり返し）　（５秒）

No. 2　A（女）：　Are you looking for something?
　　　B（男）：　Yes.　I'm looking for my pen.（２秒）

くり返します。

（くり返し）　（５秒）

No. 3　A（男）：　Let's play tennis in the park!
　　　B（女）：　I'm sorry, but I have a headache now.（２秒）

くり返します。

（くり返し）　（５秒）

No. 4　A（男）：　You have a big box!　Where are you carrying it?
　　　B（女）：　I'm carrying it to the science room.
　　　A（男）：　I will help you.
　　　B（女）：　Really?　Thank you.（２秒）

くり返します。

（くり返し）　（５秒）

2 イラストを参考にしながら英語を聞き，最も適切な応答を選ぶ問題です。これから，短い英語の対話とそれに続く応答を２度くりかえして読みます。対話の最後の文に対する応答として最も適切なものを１から３の中から１つ選び，番号で答えなさい。

No. 1 A（男）： How was your first day at your Japanese school?
B（女）： It was nice, Dad. My school has a lot of clubs, and they all sound interesting!
A（男）： That's good. Which club will you join?
B（女） 1 It has thirty clubs.
2 I'm thinking about it.
3 You will join the English club.（２秒）
くり返します。 （くり返し） （８秒）

No. 2 A（女）： I made this cake for you.
B（男）： Wow! I'm happy. Thank you.
A（女）： My pleasure. Please try it.
B（男） 1 Yes, you can.
2 Oh, it's delicious.
3 You're welcome.（２秒）
くり返します。 （くり返し） （８秒）

No. 3 A（女）： Do you know that a new zoo opened near ABC City?
B（男）： Of course. I love animals. Let's go together.
A（女）： Sure. When shall we go?
B（男） 1 Can I go with you?
2 Has it opened yet?
3 How about next Sunday?（２秒）
くり返します。 （くり返し） （８秒）

No. 4 A（男）： You speak English well.
B（女）： Thank you. Writing English is difficult for me. What should I do?
A（男）： Why don't you write a diary in English every day?
B（女） 1 Because I like English.
2 That sounds nice.
3 Get well soon.（２秒）
くり返します。 （くり返し） （８秒）

3 英語を聞いて答えを選ぶ問題です。これからまとまった内容の英文と，その内容に関する英語の質問を２度くりかえして読みます。質問の答えとして最も適切なものを１から３の中から１つ選び，番号で答えなさい。

Hello, everyone. I'm Asako Tanaka. I'm thirteen years old. Today, I will talk about my family, my parents, and my two sisters.

My father is forty-two years old. He works at a post office from Monday to Friday. When he was a student, he played baseball for nine years. He doesn't play it now, but he teaches it to elementary school students as a volunteer every Saturday. He is kind and funny, so the children on his team like him very much. I'm proud of him.

My mother is forty-five years old. She works at a flower shop in a department store from ten in the morning to five in the evening every Monday, Wednesday, and Friday. She loves flowers and grows many kinds of flowers in our garden. I like to talk about flowers with her.

My sister, Satomi, is twenty years old. She works at a restaurant. Her dream is to open her own restaurant, so she is working very hard there. Her restaurant is closed every Tuesday, and she cooks dinner for us on that day. She and I like the same musician. We often enjoy listening to his CD together on Tuesday nights. It's exciting.

My sister, Yuka, is seventeen years old. She goes to high school in our city. She is on the basketball team at her school. She practices basketball with her team from four thirty to six every Thursday after school. She and I are interested in art, and we often visit museums together on Sundays.

I love my family and have a good time with them. Thank you.

Question No. 1 Where does Asako's father work? （４秒）

Question No. 2 When does Satomi cook dinner for her family? （４秒）

Question No. 3 Who is the oldest in the Tanaka family's daughter? （４秒）

Question No. 4 Which is true about Asako's speech? （４秒）

くり返します。　　　　（くり返し）

これでリスニングテストを終わります。**4**の問題に進みなさい。

三 次の各問いに答えなさい。

問一 次の説明にあてはまる文学作品の名前をあとのア～オから選び、それぞれ記号で答えなさい。

1 平安時代に清少納言(せいしょうなごん)が書いた随筆(ずいひつ)。「春はあけぼの」ではじまる冒頭(ぼうとう)が有名。
2 平安時代前期に書かれた日本最古の物語。「かぐや姫(ひめ)」のもとになった話。
3 鎌倉時代初期に書かれた軍記物語。武士たちの戦いの様子がいきいきと描(えが)かれている。
4 江戸時代に松尾芭蕉(まつおばしょう)が書いた紀行文。およそ五か月にわたる旅の体験をもとにしている。
5 奈良時代につくられた日本最古の歌集。四千五百首余りの歌を収めている。

ア 竹取(たけとり)物語　イ 万葉集(まんようしゅう)　ウ おくのほそ道(みち)　エ 枕草子(まくらのそうし)　オ 平家(へいけ)物語

問二 次の漢字の部首を、例にしたがってそれぞれぬき出して答えなさい。

(例) 語　答え：言

1 持
2 別
3 広
4 図
5 窓

その危険性から廃止する国もあるって聞くよ。逆にアメリカやフランスは原子力発電による電力自給率が高いらしいよ。

池田さん　高橋さんはその授業でどんな点を難しい問題だと思ったの？

高橋さん　その難しいって感じた部分が、本文でいうところの哲学にあたるのかなって思ったんだ。エネルギーに関することも、ここまでは科学だけどここからは哲学って分けられるのかも。

戸田さん　エネルギーについていえば、（　　　X　　　）という質問は科学の分野が答えてくれそうだよね。

高橋さん　うん。でも、同じエネルギーに関することでも、例えば（　　　Y　　　）という質問は哲学的な質問といえるんじゃないかな。

池田さん　確かにそれは哲学的な質問だね。哲学が黄色信号だというのもよくわかるよ。

問八　━━線ⓐ・ⓑ・ⓒのカタカナは漢字に、ⓓ・ⓔの漢字はひらがなに直しなさい。

ⓐ　ネ（ほり）　　ⓑ　シンセツ　　ⓒ　セイコウ

ⓓ　秘密　　ⓔ　空（まわり）

問六　本文の内容にあっているものを次の中から一つ選び、記号で答えなさい。

ア　現代の社会はヨーロッパを中心に科学が急速に発展したので、哲学と科学の区別をする必要性がうすれてきている。

イ　さまざまな疑問に科学で答えを出すには限界があるため、それを乗り越える（こ）ために、新たに哲学という学問が生まれてきた。

ウ　かつて活躍（かつやく）したガリレオやニュートンは、今では科学者というよりはむしろ哲学者に分類されるべき人物である。

エ　人間がものを知ることとは何か、ということについて考え、答えを出そうとするのは哲学のひとつであるといえる。

問七　――線部④「黄信号を出す」について、生徒たちが話し合いをしています。空欄（Ｘ）（Ｙ）にあてはまる内容を自分で考えて書きなさい。

戸田さん　科学と哲学との違い（ちが）について、本文を読んで理解することができたよ。

高橋さん　科学といえば、最近社会の授業でエネルギーの歴史について学ぶ機会があって、エネルギー問題の難しさを実感するタイミングがあったんだ。

池田さん　へぇ、どんなことを学んだの？

高橋さん　昔は水のエネルギーを用いて電力を得ていたけれど、今は石炭や石油によってエネルギーを得るようになっていったんだ。そして、科学技術が進歩すると同時に、主にウランを使った原子力をエネルギー源とする技術も開発していったんだって。

戸田さん　原子力って知ってる。原子力はエネルギーを作るのに非常に有効な手段ではあるけど、

問二　本文からは次の一文がぬけています。もとにもどす場所として最も適切なものを、本文中の【　ア　】〜【　エ　】の中から一つ選び、記号で答えなさい。

そうして、それでもそのさきがききたいという人には、哲学が待っているというわけです。

問三　――線①「こういう質問」の例として最も適切なものを次の中から一つ選び、記号で答えなさい。

ア　水は透明(とうめい)なのに、どうして海は青いのか。
イ　人工知能の発展は人間にとってよいことか。
ウ　人以外の動物は言葉を理解することができるか。
エ　感染症(かんせんしょう)の拡大を防ぐにはどうしたらよいか。

問四　――線②「ほらふき学者のやり方に、もういっぺんかえろうとしても、あまり意味はない」とありますが、それはなぜですか。本文の言葉を用いて、解答欄の言い方にあうように四十五字以内で説明しなさい。

問五　――線③「その知ろうとすることがらが、科学とは少しちがう」とありますが、哲学と科学について次のように説明したとき、［ a ］、［ b ］、［ c ］にあてはまる内容を、本文中からaは十二字で、bは二字で、cは十九字でぬき出して答えなさい。

科学と哲学は、［ a ］では共通しているが、科学は［ b ］をもとに説明できるものを対象とする学問であり、哲学は［ c ］を対象とする学問である。

れとも、科学が、それより以前の学問をのりこえて発展してきたように、科学をのりこえるもっとさきの学問があるのだろうか、という疑問もわいてくるでしょう。

つまり、ここで、人は、一つの答えにくい問いにぶつかったことをきっかけにして、「人間がものを知るとはどういうことか。その、知るということには、そこから先にはどうしても行けない、きりというものがあるのか」という問いにぶつかるのです。

哲学というのは、こういった問いに答えようとするところからはじまる学問だともいえるのです。

つまり、ものごとを知ろうという点では科学とおなじことですが、③その知ろうとすることがらが、科学とは少しちがう。いまの例でいえば、知ることとか、好奇心とかいったこと自体を問題にするのが哲学です。

さきほどの例でいうと、赤信号を青信号にする注イ妙薬(みょうやく)が哲学なのではありません。むしろ、赤信号になったことをあらためて問題にして、いろいろ考えてみようというのが哲学です。その結果、思いがけないところから、まえにすすむ道がみつかるかも知れないし、やっぱり人間にはまえにすすむことができないんだ、ということがわかるかも知れない。

いわば、哲学は、まえにすすむか、とまるか、だけを考えるのではなく、おちついてまわりのことにも注意しろという、④黄信号を出すものだともいえるのです。

吉田夏彦(よしだなつひこ)「なぜと問うのはなぜだろう」より

【一部表記の変更(へんこう)があります。】

注イ　不思議なほどききめのある薬。

問一　空欄 A ・ B に入る言葉として最も適切なものを次の中から一つずつ選び、記号で答えなさい。

ア　しかし　　イ　たとえば　　ウ　そして　　エ　つまり　　オ　また

科学はどんな質問をしても答えを出してくれるというものではなく、「そこからさきは、きかれても困るんだ」というところが、科学にはかならずあるのです。【 ウ 】

たとえていえば、好奇心の強い人が、科学という車にのって、いろいろな疑問についての答えをさがして行くと、ここからさきは科学的にはきいてもむだだ、という赤信号がたっているところにぶつかるところがあるのです。

では、哲学という車にのりかえれば、そこで信号機は青を出してくれるでしょうか。かならずしも、そうとばかりはいいきれません。哲学に科学で答えられないことが答えられるとしたら、はじめから、科学などはやらないで哲学をやればよさそうなものです。

たとえば、ガリレオやニュートンの時代になるまえに、自然のことについてしらべていた学者、そうして、いまでは科学者のなかまには数えられない学者の中には、科学が答えないような疑問にも、どんどん答えを出していた人がいました。しかし、そういう答えは空想的なものだとして、いまでは信用されなくなっています。【 エ 】

つまり、赤信号の前で科学がとまるのには、それだけの意味があるのです。

科学のⓒセイコウのⓓ秘密は、なにもかも答えようとはしないで、赤信号のたっているところがあることに気がついた点にあるとさえいえるぐらいです。

だから、むやみに赤信号の前にとびだそうとしても、話がⓔ空まわりになってしまうことが多いのです。

科学が、哲学からわかれるまえの②ほらふき学者のやり方に、もういっぺんかえろうとしても、あまり意味はないことになりそうです。

しかし、なぜ、赤信号がたっているのかしら、という疑問を持つことはできるでしょう。

また、科学に答えられない問いというものは、どんなことをしても答えられないものなのか、そ

二 次の文章を読んで、あとの問いに答えなさい。

まえにもいったように、哲学(てつがく)と科学とは、もともと一つのものでした。

哲学も科学も、人間の好奇心(こうきしん)をみたすために、発展させられてきたともいえるヨーロッパ派の学問です。それが一般的(いっぱんてき)に、哲学とも、科学とも、よばれてきたのです。

では、どういうところで、哲学と科学とが区別されるようになってきたのでしょう。

これについてはいろいろな考え方がありますが、この本では、いちおう、つぎのように説明するところから、話をすすめていきたいと思います。

好奇心をみたすために、人間は、ⓐネほり葉ほり、いろいろなことをたずねます。しかし、その質問は、つづけようによっては、きりがなくなってしまいます。

［A］、「空はなぜ青くて赤くないのか」という疑問を持った人が、科学者のところに質問にいったとします。

科学者は、ⓑシンセツに、いろいろと説明してくれるでしょう。そうしてそのためには、物理学の理論を持ち出してくることになります。【ア】

しかし、「それでは、なぜ物理学の理論をひきあいに出して説明すれば、正しい説明になるのか」という疑問をつづけて出すとしたらどうでしょうか。

そのとき、なお説明をつづけてくれる科学者もいるでしょうが、人によっては、「それは哲学の問題です。科学者の答えることではありません」という人もいることだと思います。

じっさい、科学者に①こういう質問をして、こういう答えをもらい、それではというので哲学を勉強するようになった人がいるのです。【イ】

［B］、科学は、好奇心をみたしてくれますが、それにはかぎりがあるのです。

問八　――線⑥「その目に涙があふれていた」とありますが、その理由として最も適切なものを次の中から一つ選び、記号で答えなさい。

ア　三十年という月日を経て、亡くなった父の想いがついに実ったから。
イ　三十年もの間残っていた白夜号・極夜号をやっと売ることができたから。
ウ　亡くなった父を知る俊雄と出会い、父のことを思い出したから。
エ　遠方から俊雄が訪ねてきて、亡くなった父をなつかしんでくれたから。

問九　本文は俊雄による回想シーンと現在のシーンとに分かれています。現在の場面が描(えが)かれている段落の初めの五字をぬき出して答えなさい。

問四　――線③「しばらく見つめて白夜号・極夜号を頭に焼きつけた」とありますが、俊雄はなぜこのような行動をとったのですか。次のように説明したとき、空欄にあてはまる内容を十五字以内で答えなさい。

泣く泣くあきらめることにした白夜号・極夜号を、［　　　　］から。

問五　――線④「俊雄は踵を返して走り去った」とありますが、このときの俊雄の気持ちとして適切でないものを次の中から一つ選び、記号で答えなさい。

ア　アーマイさんとの約束を破ることになり申し訳なく感じている。
イ　ほしかった白夜号・極夜号へのあきらめきれなさを断とうとしている。
ウ　突然引っ越すことになってしまったことへの怒りを感じている。
エ　あこがれだった白夜号・極夜号が手に入らないことを悲しんでいる。

問六　本文からは次の一文がぬけています。もとにもどす場所として最も適切なものを、本文中の【　ア　】～【　エ　】の中から一つ選び、記号で答えなさい。

ギャラリーがなくなっていて板張りの壁(かべ)になっていた。

問七　――線⑤「信じられなかった」とありますが、どのようなことが信じられなかったのですか。解答欄の言い方にあうように三十字以内で答えなさい。

問一　――線①「何もいえなくなってしまった」とありますが、その理由として適切でないものを次の中から一つ選び、記号で答えなさい。

ア　アーマイさんから白夜号・極夜号をプレゼントされるとは予想外のことだったから。
イ　白夜号・極夜号がほしいという思いにアーマイさんが気づいていたことに驚いたから。
ウ　お金をためて白夜号・極夜号を買おうと意気込んでいたので拍子抜けしたから。
エ　白夜号・極夜号を大切に思う俊雄にアーマイさんが感謝していると言ったから。

問二　空欄［A］・［B］に入る言葉の組み合わせとして最も適切なものを次の中から一つ選び、記号で答えなさい。

ア　A　顔をくもらせながら　　B　はらはらと
イ　A　首を長くしながら　　B　こわごわと
ウ　A　目を輝かせながら　　B　おずおずと
エ　A　息をひそめながら　　B　はきはきと

問三　――線②『予約済』とありますが、なぜアーマイさんは「予約済」と書いたと考えられますか。次のように説明したとき、［a］、［b］にあてはまる内容を、本文中からaは十字で、bは七字でぬき出して答えなさい。

白夜号・極夜号を、［　　a　　］という俊雄の気持ちを考えて、［　　b　　］と約束しようと思ったから。

んのやさしさを思い出してうれしかった。あの時の自分が鮮やかに蘇ってうれしかった。

「あの、あなたは、もしかして……」

と B 男の声がして俊雄は振り向いた。

調理場にいた、アーマイさんに似た男がやってきていた。

「はい。塚田俊雄といいます。三十年前、あの飛行船を予約したものです」

俊雄は白夜号・極夜号を見上げ、笑いながらいう。

「やっぱり。そうではないかと思ったんです。そうですか。本当だったんですね。やっぱりきてくれたんですね。死んだ父から、予約した少年と約束したのだから、この店が続くかぎり、絶対にそのまま店に置いておくようにといわれたんです。そうですか。あなたでしたか。よくきてくれました。死んだ父も喜んでいると思います。本当によくきてくれました」

アーマイさんの息子は感激に声がうわずっている。

「長いことお待たせしました」

そういって俊雄が振り向くと、アーマイさんの息子は笑顔でうなずいた。⑥その目に涙があふれていた。

俊雄はまた笑顔で白夜号・極夜号を見上げた。白夜号・極夜号を見ていると本当の自分と出会えそうな気がした。

俊雄は、白夜号・極夜号に乗って、極夜に輝くオーロラを見上げている自分を空想した。きっとそこに乗っている自分が、本当の自分なのだろうと思った。

俊雄は爪先立ちをして白夜号・極夜号を覗き込んだ。満面の笑みだった。

川上健一『極夜』より

【一部表記の変更があります。】

ーマイさんがいてもいなくても、きっと極夜に入って座れば、小学四年生の自分に出会えるだろう。本当の自分に。

公園を出て極夜の前に立つと、店の看板は白夜になっていた。【　ア　】ということはまだアーマイさんがやっているのかと俊雄は思う。いや違うなと俊雄はすぐに打ち消す。【　イ　】ギャラリーがなくなったということは、きっとアーマイさんはもういないのだ。俊雄は大きく息を吸って吐き出した。深呼吸とも吐息ともつかない呼吸だった。

ドアを開けて喫茶店の中に入った。【　ウ　】店内は昔のままだった。【　エ　】

「いらっしゃいませ」

とたおやかな女の声がした。客席に対面する調理場で、若い女がにこやかに笑いかけていた。

その隣で、初老の男がやはりやさしい笑顔を向けてうなずいた。俊雄は一瞬アーマイさんかとハッとした。顔立ちがアーマイさんに似ていた。が、よく見ると、俊雄の記憶にあるアーマイさんではなかった。俊雄よりは年上のようだったが、記憶にあるアーマイさんよりは若かった。きっと息子さんかもしれないと俊雄は思い、あとできいてみようと決めた。二人に会釈してドアを閉めた。その時、入り口横の天井からぶら下がっている物体が目のすみに飛び込んできた。

俊雄はハッとしてその物体を見上げた。

⑤信じられなかった。白夜号・極夜号だった。三十年ぶりの対面だった。あの時のままのきれいな飛行船だった。埃もかぶっていなかった。

もっと信じられないことに、デッキの物干しロープに、『予約済』とアーマイさんが書いてくれた紙がそのままだった。さすがにその紙は色あせてしまっていたが、まぎれもなくアーマイさんが書いてくれたものだった。

目を奪われ、呆然と見つめていた俊雄だったが、うれしくなって笑みがこぼれた。アーマイさんが誰にも売らないと約束してくれたことがうれしかった。
それがたった一週間で、ずっと遠くに引っ越してしまうことが決まってしまったのだった。
俊雄は引っ越しのことをアーマイさんにいおうかどうか悩んでしまった。会ってお別れをいいたかったのだが、そうすればきっとアーマイさんは白夜号・極夜号を持っていきなさいというだろうと思ってしまった。買いたいといった手前、もらう訳にはいかないと思った。春にはお金ができるからその時にくればいいと思ったけど、新幹線と電車に莫大な金がかかると気づいてしぼんでしまった。新幹線と電車にかかる金の方がはるかに多いということは知っていた。仕方なく、白夜号・極夜号は泣く泣くあきらめることにした。
あきらめきれない俊雄は、町を去っていく朝にそっと白夜号・極夜号に会いにいった。早朝なので誰もいなかった。③しばらく見つめて白夜号・極夜号を頭に焼きつけた。窓越しに、
「さよなら」
といった。ため息が出た。
白夜号・極夜号にアーマイさんの笑顔が浮かんで見えるようだった。
④俊雄は踵を返して走り去った。
いま、塚田俊雄はベンチに座って、お金を送って白夜号を送ってもらうということをなぜ考えられなかったのだろうと、苦笑する。あの時、アーマイさんは自分にプレゼントしたかったのだから、素直にもらっておいた方がアーマイさんのためになったのではとも思う。もしも別れの挨拶にいっていたら、アーマイさんはいい解決方法を示してくれたかもしれない。それでもあの時の自分はそうしたかったのだから、それはそれでよかったかもしれない。そう、それがあの時の自分の全てだったのだから。いずれにしても、白夜号・極夜号は自分のものにならなかった。そういう運命だったのだ。さあて、そろそろいってみようかと決心して俊雄は立ち上がった。ア

とアーマイさんは笑い、

「実は俊雄君にクリスマスプレゼントにあげようと思っていたんだ」

というのだった。

俊雄はびっくりしてしまった。①何もいえなくなってしまった。

「俊雄君がぼくの作品の一番の理解者だからね。俊雄君が［A］ぼくの作品をいつまでも見ていてくれるのが、ぼくにとっては大きな励み（はげ）なんだよ。ぼくは俊雄君にとても感謝している。だからぼくの気持ちとして、白夜号・極夜号を俊雄君にプレゼントしたかったんだ。お金はいらないから、はい、プレゼント」

とアーマイさんは白夜号・極夜号を差し出した。

「でも、お金払（はら）いたいんです」

と俊雄はいってしまった。売っているものをただでもらってはいけないと思ってしまったからだし、それにお金がなくてかわいそうだと思われているんじゃないかと思ってしまったからだった。

「あの、ちゃんとお金を払って買いたいんです。その方がもっと宝物になって大事にすると思いますから」

「そうか。そうだね。俊雄君の気持ちを大事にしないぼくが間違（まちが）っていたよ。じゃあこうしよう」

アーマイさんは小さな紙に、

②『予約済』

と書いて、白夜号・極夜号のデッキにある物干しロープに貼（は）り付けてくれた。

「約束する。誰にも売らないからね」

俊雄はうれしかった。憧（あこが）れの白夜号・極夜号がいつの日か必ず自分のものになることがうれしかったし、アーマイさんが予約済と書いて貼ってくれたことがうれしかった。それにアーマイさ

2023年度 東京家政大学附属女子中学校

【国　語】〈第二回入試〉（四五分）〈満点：一〇〇点〉

〔注意〕・字数制限のあるものは、句読点、記号を含（ふく）みます。

一　次の文章を読んで、あとの問いに答えなさい。

> 社会人の俊雄（としお）は、ふと子どもの頃（ころ）に母親とよく遊びに行った「極夜（きょくや）」という喫茶店（きっさてん）と、その店の主人「アーマイさん」が店のギャラリーに飾（かざ）っていた、「白夜号・極夜号」という飛行船の模型を思い出します。

それから俊雄は引っ越（こ）しの時のことを思った。
母親が実家のある地方都市で希望していた職が見つかり、急遽（きゅうきょ）引っ越しをすることになった。冬休みを前にした慌（あわ）ただしい師走（しわす）のことだった。
それが決まるほんの一週間前に、俊雄は思い切ってアーマイさんに白夜号・極夜号を買いたいと申し出ていた。学校帰りに会いにいっているうちに、どうしてもほしくてたまらなくなってしまったのだ。
「いまお金はないけど、正月にお年玉が入るし、お小遣（こづか）いをためれば春までには買えると思いますから、誰（だれ）にも売らないでほしいんですけど」
と俊雄がいうと、
「それはうれしいなあ」

2023年度

東京家政大学附属女子中学校 ▶解説と解答

算　数　＜第２回入試＞（45分）＜満点：100点＞

解　答

1 ① 44　② 460　③ 0.02　④ $\frac{7}{16}$　⑤ 5　⑥ $\frac{1}{5}$　**2** ① 108　② 12通り　③ 71点　④ 25%　**3** ① 625m　② 800円　③ 14年前　④ 38cm　**4** ① 36度　② 1920cm^3　③ 63m^2　④ 3990cm^3　**5** ① 12票　② 21票

解　説

1 **四則計算，計算のくふう**

① $36+64\div4\div2=36+16\div2=36+8=44$

② $A\times B-A\times C=A\times(B-C)$となることを利用して，$23\times49-29\times23=23\times(49-29)=23\times20=460$

③ $3.4\times0.8-3.24\div1.2=2.72-2.7=0.02$

④ $\frac{3}{4}-2\frac{1}{12}\div3\frac{5}{9}\times\frac{8}{15}=\frac{3}{4}-\frac{25}{12}\times\frac{9}{32}\times\frac{8}{15}=\frac{3}{4}-\frac{5}{16}=\frac{12}{16}-\frac{5}{16}=\frac{7}{16}$

⑤ $1\frac{2}{7}\times4.2-0.45+\frac{5}{24}\div4\frac{1}{6}=\frac{9}{7}\times\frac{42}{10}-0.45+\frac{5}{24}\times\frac{6}{25}=\frac{27}{5}-0.45+\frac{1}{20}=5.4-0.45+0.05=4.95+0.05=5$

⑥ $\left(1\frac{1}{3}-0.75\right)\div\left(\frac{5}{6}+1.25\right)\times\frac{5}{7}=\left(1\frac{1}{3}-\frac{3}{4}\right)\div\left(\frac{5}{6}+1\frac{1}{4}\right)\times\frac{5}{7}=\left(1\frac{4}{12}-\frac{9}{12}\right)\div\left(\frac{10}{12}+1\frac{3}{12}\right)\times\frac{5}{7}=\left(\frac{16}{12}-\frac{9}{12}\right)\div1\frac{13}{12}\times\frac{5}{7}=\frac{7}{12}\div\frac{25}{12}\times\frac{5}{7}=\frac{7}{12}\times\frac{12}{25}\times\frac{5}{7}=\frac{1}{5}$

2 **約数と倍数，場合の数，平均とのべ，売買損益**

① $100\div27=3$余り19より，100に近い27の倍数は，$27\times3=81$または，$27\times4=108$である。よって，27の倍数のうち，最も100に近いのは108とわかる。

② おにぎり４種類をA，B，C，Dとし，飲み物３種類をE，F，Gとする。それぞれ１種類ずつの選び方は，右の図のように，（A，E），（A，F），（A，G），（B，E），（B，F），（B，G），（C，E），（C，F），（C，G），（D，E），（D，F），（D，G）の12通りである。

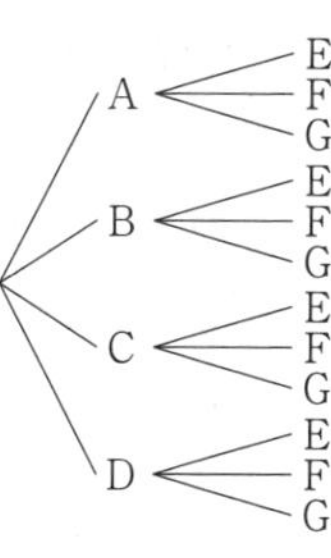

③ （平均）＝（合計）÷（個数）より，（合計）＝（平均）×（個数）と求められる。国語，算数，社会の３科目の合計点は，$76\times3=228$（点）で，国語，算数，社会，理科の４科目の合計点は，$228+56=284$（点）になる。よって，国語，算数，社会，理科の４科目の平均点は，$284\div4=71$（点）である。

④ 仕入れ値が2000円の商品を，2500円で売ると，利益は，$2500-2000=500$（円）になる。すると，仕入れ値に対する利益の割合は，$500\div2000=0.25$（倍）すなわち，$0.25\times100=25$（%）になる。よって，仕入れ値の25%の利益を見込んで売ることになる。

3 旅人算，倍数算，年齢算，グラフ，正比例と反比例

① りえさんは９時ちょうどに家を出発し，駅に向かい，兄が９時10分に家を出て，自転車でりえさんを追いかけはじめたとき，りえさんは家から，50×10＝500(m)進んでいる。そこで，兄が自転車で分速250mの速さで追いかけると２人の間の距離は，１分間に，250－50＝200(m)ずつ縮まっていく。すると，兄がりえさんに追いつくのは，兄が家を出てから，500÷200＝2.5(分後)である。よって，兄がりえさんに追いつき，りえさんが忘れ物を受け取った場所は家から，250×2.5＝625(m)離れた地点である。

② あゆみさんと姉の２人とも400円ずつもらう前と後の所持金の差は変わらないから，もらう前の比の差，４－１＝３と，後の比の差，３－１＝２を６に比をそろえると，２人の所持金の比は，１：４＝２：８から，１：３＝３：９になったとわかる。すると，２人がもらった400円は，そろえた比の，３－２＝(９－８＝)１にあたる。よって，あゆみさんのはじめの所持金は，400×２＝800(円)である。

③ 現在，父の年齢は66歳，カレンさんの年齢は27歳で，その差は，66－27＝39(歳)になり，年齢の差は何年たっても変わらない。すると，父の年齢がカレンさんの年齢の４倍だったときの差は39歳で，カレンさんの年齢の，４－１＝３(倍)にあたる。よって，このときのカレンさんの年齢は，39÷３＝13(歳)になるので，父の年齢がカレンさんの年齢の４倍だったのは，今から，27－13＝14(年前)である。

④ 問題文中のグラフより，つるしたおもりの重さとバネののびる長さは比例しているといえる。すると，バネＡに150gのおもりをつるしたとき，40－30＝10(cm)のびるので，１gのおもりをつるすと，$10\div150=\frac{1}{15}$(cm)のびることがわかる。したがって，360gのおもりをつるすと，バネＡは，$\frac{1}{15}\times360=24$(cm)のびるので，そのときのバネＡとバネＢの長さは，30＋24＝54(cm)になる。また，バネＢは270gのおもりをつるしたときの長さは40cmで，360gのおもりをつるしたときの長さは54cmだから，バネＢは，360－270＝90(g)のおもりがふえると，54－50＝４(cm)のびる。すると，バネＢは１gのおもりをつるすと，$4\div90=\frac{2}{45}$(cm)のびることがわかり，バネＢは360gのおもりをつるすと，$\frac{2}{45}\times360=16$(cm)のびることになる。よって，おもりをつるしていないときのバネＢの長さは，54－16＝38(cm)である。

4 角度，展開図，水の深さと体積，面積，体積

① 下の図１のように，各頂点をＡ～Ｉとし，点Ｆを通り辺ABと辺DCに平行な直線JFを引く。このとき，角JFGと角IGHが同位角で等しくなり54度になる。すると，角EFJは，90－54＝36(度)となる。よって，直線ABと直線JFは平行だから，角FEBと角EFJは錯角が等しくなるので36度になり，角xの大きさは36度である。

図１

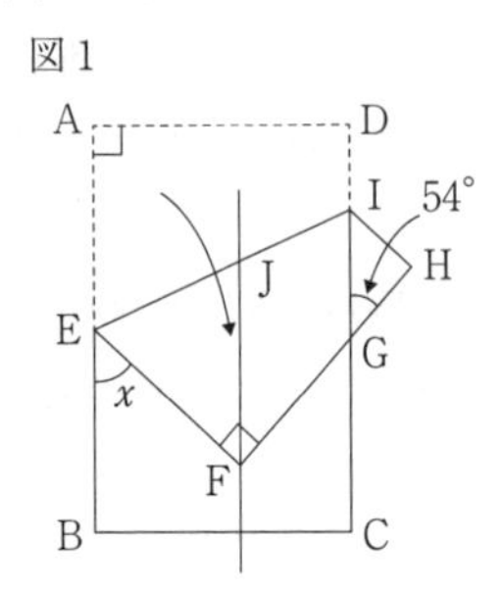

図２

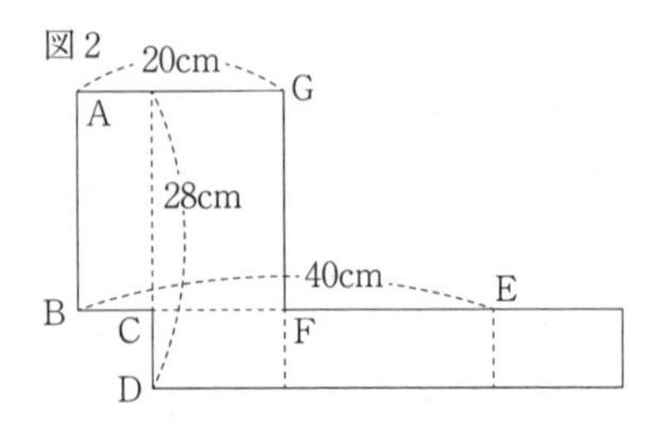

② 上の図２のように，各頂点をＡ～Ｇとする。辺BFの長さは辺AGと等しく20cmで，この展開図を組み立てると辺GFと辺EFは重なり，その長さは等しくなるので，辺GFの長さは，40－20＝20(cm)になる。すると，辺ACも20cmだから，辺DCは，28－20＝８(cm)になる。同様に，辺BCと辺DCは重なり，辺BCも８cmとなるので，辺CFは，20－８＝12(cm)となる。よって，この容器を組み立てると，底面が長方形ACFGで，高さが辺BCの直方体になるから，水は，20×12×８＝1920(cm^3)まで入る。

③ 下の図３のように，４つの四角形の土地をア～エとする。図３で，ウとエを３m左に平行に移動すると，下の図４のように，アとウ，イとエを組み合わせると，それぞれ長方形になる。次に，イとエでできた長方形を３m上に平行に移動すると，下の図５のように，ア～エを組み合わせた長方形ができ，その縦の長さは，10－３＝７(m)で，横の長さは，12－３＝９mになる。よって，の部分の面積の和は，７×９＝63(m^2)である。

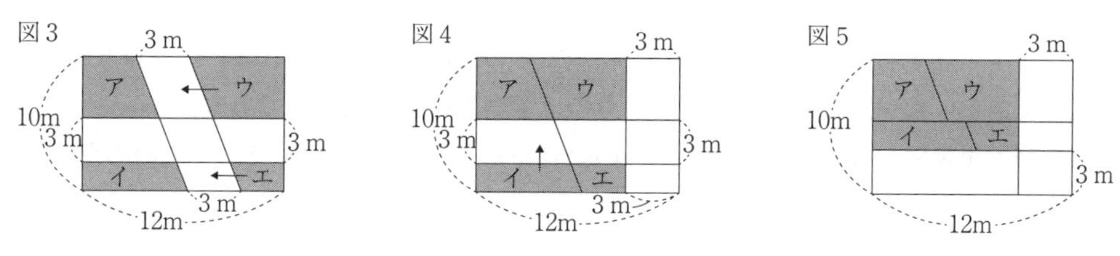

④ （正方形の面積）＝(対角線)×(対角線)÷２より求められ，円柱から直方体をくりぬいた立体の底面積は，半径，20÷２＝10(cm)の円の面積から，対角線が20cmの正方形の面積を引いて求められる。よって，この立体の高さは35cmだから，残った立体の体積は，(10×10×3.14－20×20÷２)×35＝3990(cm^3)である。

5 推理

① 委員を２人選ぶので，立候補者が３人のときの当選できる最低得票数を考えると，35÷３＝11余り２より，11＋１＝12(票)得票すれば，必ず当選できるとわかる。

② 生徒会長１人を決める選挙だから，途中(とちゅう)経過で１位と２位のＡさんとＢさんの２人に残りの票がすべて入ると考えるとき，Ｂさんは途中経過で１位のＡさんの得票数より多い得票数を得れば，他の２人の立候補者より多い得票数になり，必ず当選できる。そこで，途中経過では，Ｃさんが50票，Ｄさんが40票とっているので，ＡさんとＢさんの２人の得票数の和は最も多くて，250－(50＋40)＝160(票)になる。すると，Ｂさんは，160÷２＝80より，80＋１＝81(票)得票すれば，必ず当選できる。よって，Ｂさんは必ず当選するためには，あと，81－60＝21(票)必要である。

社会 ＜第２回入試＞（理科と合わせて45分）＜満点：50点＞

解答

1 **問１** 西 **問２** 1.5(km) **問３** ① オ ② ア **問４** イ **問５** 80(m) **2** **問１** エ **問２** （例） 機械化を進めたことで，作業時間が短くなった。 **問３** ① 養しょく(漁)業 ② イ **問４** ① 京葉(工業地域) ② R→P→Q
3 **問１** 正倉院 **問２** ア **問３** 武家諸法度 **問４** （例） 日本は，領事裁判権を認めており，日本の法律で裁くことができないから。 **問５** エ **4** **問１** 風土記

問２　ア　**問３**　①　足利義政　②　エ　**問４**　(例)　(関ヶ原の戦いよりあとに徳川家に従った)外様大名を，江戸からはなれた所に配置した。　**問５**　イ　**5**　**問１**　国民主権　**問２**　ウ　**問３**　ア　**問４**　3000(人)　**問５**　ウ

解　説

1　地形図の読みとりについての問題

問１　地形図に方位記号が示されていない場合，その方位は，地図の上が北，下が南，右が東，左が西である。大塚ヶ里駅からみて，中の原団地は左側にあるので，方位は西となる。

問２　地図の縮尺は２万５千分の１となっている。地図上で６cmのところの実際の距離は，６(cm)×25000＝150000(cm)となる。何kmかを求められているので，1.5kmとなる。

問３　①　地点Ⓐから北に向かってまっすぐ進むと，左手に文の地図記号が見られる。これは小・中学校の地図記号である。なお，これを○で囲ったもの⊗は高等学校である。　②　小・中学校をすぎて，十字路を右にまがって進むと，やがて×の地図記号が見られる。これは交番(駐在所)の地図記号である。なお，これを○で囲ったものは警察署の地図記号⊗である。

問４　吉野ヶ里遺跡には，敵を見張るための物見やぐらや，敵の侵入を防ぐための柵や壕があり，これにより争いがあったことがわかる。アは飛鳥時代以降，ウは古墳時代，エは飛鳥時代であり，弥生時代ではない。

問５　縮尺が２万５千分の１の地形図では，同じ高さを示す等高線が10メートルおきに引かれている。地点Ⓩの近くに100メートルを示す太い線(計曲線)があり，そこから主曲線２本分低い位置にⓏがあるので，標高は80メートルである。

2　４つの都道府県についての問題

問１　地図Ａは沖縄県である。沖縄県は亜熱帯性の気候で，１年を通じて気温が高く降水量が多い。冬の気温も他の地域に比べ高くなるので，県庁所在地である那覇市の雨温図はエである。アは降水量が少なく，冬の寒さがきびしいので地図Ｃの北海道札幌市の雨温図，イは冬の降水量が多く，年間の気温の差が大きいので地図Ｂの山形県山形市の雨温図，ウは夏の降水量が多く冬は少ない太平洋側の気候なので地図Ｄの千葉県千葉市の雨温図である。

問２　資料１からは，米づくりの労働時間が，1955年から2000年にかけて，大幅に短くなっていることが読みとれる。資料２は，稲かりと脱穀(稲穂から実をとる作業)を同時に行う，コンバインという機械の写真である。これらから，機械化が進んだことで，労働時間が短くなったことがわかる。米づくりでは，コンバイン以外に，田おこしにはトラクター，田植えには田植え機といった機械が用いられるようになった。

問３　①　稚魚を，あみを張った海やいけすなどで，えさを与えて成魚になるまで育ててとる漁業を養殖(漁)業という。なお，育てる漁業には，ほかに，稚魚を放流して，大きくなってからとる栽培漁業がある。　②　遠洋漁業の漁獲量は，最も多いときは400万トンをこえているが，2020年には100万トンを大きく下回っているので，その差は300万トン以上ある。1970年には遠洋漁業が１位で，2020年は沖合漁業が１位であるので，アはあやまりである。1970年と2020年を比較すると，沿岸漁業は漁獲量を減らしているので，ウもあやまりである。1970年の３つの漁業の漁獲量の合計は約900万トンで，2020年の約400万トンより多いので，エもあやまりである。

問４　①　Ｄの都道府県は千葉県である。東京湾東岸の千葉県側沿岸部に発達したのが，京葉工業地域である。鉄鋼業(製鉄業)がさかんな千葉市，君津市，石油化学工業がさかんな市原市などの工業都市がある。　②　日本の輸出品は工業製品が中心である。そのため，年代によってさかんな工業の製品が，輸出品に占める割合でも多くなる。日本は戦前から1960年代までは軽工業，特にせんい工業がさかんであった。やがて重工業がさかんになり，はじめは鉄鋼業などの金属工業が，さらに自動車工業などの機械工業がさかんになった。したがって，せんい品の占める割合が多いＲが1960年，鉄鋼の割合が比較的多いＰが1980年，せんい品が見られなくなり，鉄鋼の割合も減っているＱが2020年となる。なお，千葉県にある日本最大級の貿易港は成田国際空港である。

3 歴史に関係のある建物やできごとの写真や絵についての問題

問１　資料Ａは正倉院の写真である。聖武天皇の遺品などの宝物が納められた，校倉造で建てられた倉庫である。奈良県の東大寺にある。

問２　鎌倉幕府は現在の神奈川県鎌倉市に開かれた。鎌倉は源氏ゆかりの地であり，また，三方が山，一方が海で，敵が攻めにくく味方が守りやすい地形であることなどから，源頼朝がこの地に幕府を開いた。地図のイは京都府の京都市，ウは山口県の下関市，エは福岡県の福岡市である。

問３　江戸幕府を開いた徳川家康を「権現様」としてまつっているのが，資料Ｃの日光東照宮で，世界文化遺産に登録されている。江戸幕府が定めた，大名が守るべききまりが，武家諸法度である。第２代将軍徳川秀忠のときに初めて出され，第３代将軍徳川家光のときには，参勤交代が加えられた。

問４　資料Ｄはノルマントン号事件を風刺した絵である。江戸幕府は，アメリカ合衆国と日米修好通商条約を結び，同じ内容の条約を，イギリス，オランダ，フランス，ロシアとも結んだ。これらの条約では，日本が外国に対して領事裁判権(治外法権)を認めており，外国人が日本で罪を犯しても，日本の法律で裁くことができなかった。ノルマントン号事件でも，裁判はイギリスの領事裁判所で行われた。

問５　東京と新大阪を結ぶ東海道新幹線は，1964年に開業した。これは同じ年に開催された，東京オリンピック・パラリンピックに合わせたものである。アの日中共同声明は1972年，イの石油危機は1973年，ウの日ソ共同宣言による日本とソ連の国交回復と，日本の国際連合加盟は1956年である。

4 日本の文化についての問題

問１　朝廷の求めにより，各地の自然や産物，文化，歴史などをまとめたものが風土記で，奈良時代に編さんされた。古事記は日本最古の歴史書で，日本書紀とともに奈良時代に編さんされた。同時代に編さんされた日本最古の歌集が万葉集である。

問２　平安時代には，遣唐使の廃止により，唐(中国)の影響を受けない日本独特の文化が発達した。これを国風文化という。文字も漢字をもとに，ひらがな，カタカナといった，かな文字が生まれ，それをもとに宮廷に仕える多くの女性が文学作品を残した。紫式部は「源氏物語」を，清少納言は「枕草子」を著した。なお，「平家物語」は鎌倉時代の文学作品で，作者は不明である。

問３　①　銀閣は，室町時代に，室町幕府第８代将軍足利義政によって京都の東山に建てられた。今の和室のもとになった，書院造という建築様式が取り入れられている。なお，室町幕府第３代将軍足利義満によって京都の北山に建てられたのが金閣である。　②　現在の茶道のもととなる茶の湯を千利休が大成させたのは，安土桃山時代である。

問４　江戸幕府は，大名が幕府に対して反乱をおこすことをおそれた。そこで，外様大名を江戸から遠くに配置し，信頼度の高い親藩や譜代大名を江戸の周辺に配置し，幕府のある江戸の守りを固めようとした。

問５　沖縄県が琉球王国であったときの国王の居城が首里城である。アは京都府にある平等院鳳凰堂，ウは兵庫県にある姫路城，エは奈良県にある唐招提寺である。

5　日本の政治についての問題

問１　国の政治のあり方を決める最高の力を主権という。日本国憲法では，その主権を国民が持つと定めており，これを国民主権という。平和主義，基本的人権の尊重とともに，日本国憲法の三大原則とされる。

問２　国会は，法律を制定する権力である立法権を持っている。法律を制定する以外に，予算の決議，条約の承認，憲法改正の発議，裁判官として適当でない人を辞めさせる弾劾裁判所の設置などの仕事がある。したがって，ウは，裁判所の仕事ではないのであやまりである。

問３　権力の集中をふせぎ，国民の自由や権利を守るために，政治に関する権力を３つに分けたものが三権分立である。国会が，法律を制定する権力である立法権を，内閣が，法律にもとづき実際に政治を行う権力である行政権を，裁判所が，裁判をする権力である司法権をそれぞれ持っている。そうして，どれか１つが行き過ぎないように，お互いに抑制するしくみがとられている。Ｃの内閣が国会にできることは，衆議院の解散を決めることである。国会が内閣にできることは，内閣総理大臣の指名，内閣不信任の決議である。国会が裁判所にできることは，弾劾裁判所の設置である。内閣が裁判所にできることは，最高裁判所長官の指名とその他の裁判官の任命である。裁判所が国会や内閣にできることは，法律や政治が憲法に違反していないかを判断することである。

問４　地方自治では，一部に直接民主制が取り入れられており，住民には直接請求が認められている。住民は，地方自治体(地方公共団体)に対して，都道府県知事などの首長や地方議会議員をやめさせるリコール(解職請求)，地方議会の解散，条例(その地方自治体だけのきまり)の制定や改正・廃止などを請求できる。それぞれ必要な数の署名を集めるなどの手続きがある。表から，条例の制定を請求するには有権者(選挙権を持っている人)の50分の１以上の署名が必要であることがわかる。また，問題文には，みずきさんの住んでいる市は，有権者が15万人とあるので，その50分の１は3000人である。

問５　1890年の第１回帝国議会の衆議院議員選挙で，初の総選挙が行われた。その時の選挙権は，直接国税15円以上を納める満25歳以上の男子に与えられた。その後，1925年に普通選挙法ができ，選挙権は満25歳以上の男子に与えられ，1928年にそれにもとづく選挙が行われた。1945年に普通選挙法が改正され，婦人参政権が認められ，女性が選挙に投票することも立候補することもできるようになった。選挙権は，満20歳以上の男女に与えられた。これにもとづく最初の選挙は1946年に行われた。2016年には公職選挙法が改正され，選挙権が与えられるのは満18歳以上の男女となった。写真には複数の着物姿の女性が投票しているところが見られることから，ウが1946年の選挙の様子と考えられる。

理　科　＜第２回入試＞（社会と合わせて45分）＜満点：50点＞

解　答

1 **問１**　ウ　**問２**　120g　**問３**　90g　**問４**　（例）　大きくなっていく。　**問５**　エ　**問６**　（例）　１往復する時間を正確にはかるのがむずかしいから。　**問７**　AとB　**問８**　ア　2 **問１**　０℃　**問２**　（例）　水と氷がまざっている。　**問３**　ア　**問４**　ふっとう　**問５**　イ　**問６**　**記号**…ウ　**理由**…（例）　水が水じょう気になって，空気中に出ていくから。　**問７**　**氷**…ウ　**湯気**…ア　3 **問１**　イ　**問２**　ア　**問３**　エ　**問４**　**記号**…イ　**理由**…（例）　種子が発芽するときにでんぷんを使い切ってしまうから。　**問５**　ア　4 **問１**　晴れ　**問２**　エ　**問３**　右の図

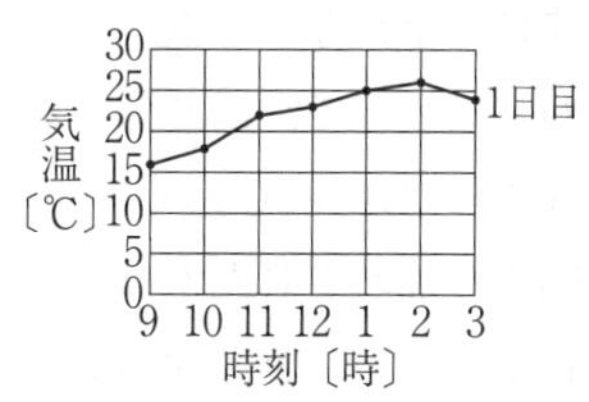

問４　（例）　１日の中で気温の変化が小さいから。　**問５**　アメダス　**問６**　イ→ウ→ア　**問７**　（例）　日本の天気は西から東に変わっていく。夕焼けが見えるということは，西に雲がないということだから，次の日は晴れると考えられる。

解　説

1 てことふりこのしくみについての問題

問１　てこがつり合うためには，てこの支点を中心に時計回りに回転させるはたらきと反時計回りに回転させるはたらきが等しくなっていればよい。てこを回転させるはたらきの大きさは，(てこにかかる力の大きさ)×(支点からのきょり)で計算することができるので，左のうでの６の位置に20gのおもりを１個つるしたときに支点を中心にして，てこを反時計回りに回転させるはたらきは，20×６＝120となる。この回転させるはたらきと等しくなるのは，(20×２)×３＝120より，右のうでの３の位置に20gのおもりを２個つるしたウである。

問２　てこのつり合いの関係から，右のうでの６の位置に20gのおもりを３個つるしたときの回転させるはたらきは，(20×３)×６＝360となる。これと同じ大きさの回転させるはたらきを，左のうでの３の位置につるしたふくろで生み出すとき，つるすふくろの重さを□gとすると，□×３＝360より，□＝360÷３＝120(g)である。

問３　問２より，左のうでの３の位置に120gのふくろをつるしたときの回転させるはたらきは360なので，この回転させるはたらきとつり合うとき，右のうでの４の位置を手でおす力の大きさを□gとすると，□×４＝360より，□＝360÷４＝90(g)となる。

問４　回転させるはたらきは，てこに加える力の大きさと支点からのきょりとの積で表されるので，回転させるはたらきの大きさを同じにするには，てこに加える力の大きさを大きくしないと，手でおす位置の数字を小さくした(支点からのきょりを短くした)ときにはつり合わなくなる。

問５　実験１に使われた実験用てこでは，力点と作用点の間に支点が位置している。はさみ・ペンチ・くぎぬきは，どれも実験用てこと同じ順で支点，力点，作用点がならんでいるが，ピンセットのみ支点と作用点の間に力点が位置している。

問６　ふりこの１往復する時間は短いので，この時間を測定するときに誤差(ごさ)を生じやすい。そこで，10往復する時間をはかって結果を10でわることで，誤差を小さくして，ふりこが１往復する時間をより正確にはかることができる。

問７　おもりの重さ以外(ふりこの長さやふれはば)の条件が同じものを比べることで，おもりの重さと１往復する時間の関係を調べることができる。

問８　ＡとＣの結果から，ふりこの１往復する時間が変化するのは，ふりこの長さを変えたときとわかる。また，ＡとＢ，ＣとＤから，ふりこの１往復する時間は，おもりの重さやふれはばを変えても変化しないといえる。

2 水の温度による変化についての問題

問１　水を，食塩をまぜた氷水で冷やしていったとき，しばらくの間，温度が変化していないことから，Ａの温度は水から氷に変化する０℃である。

問２　問１より，Ｂの間，水が氷に変化している。よって，水と氷がまざっている。

問３　水が氷に変化すると，体積は水のときの約1.1倍に大きくなる。このとき，全体の重さは変わらないので，同じ体積あたりの重さが，氷は水よりも軽くなるため，氷は水に浮く。

問４　水が100℃近くになると，水から水じょう気に変化する。これを「ふっとう」という。

問５　加熱された水は体積が大きくなるので，まわりの水と比べたとき，同じ体積あたりの重さが軽くなり上に移動する。そのため，上にあった水がおし出されて下に移動し，イのような流れをつくりながら水全体があたたまっていく。

問６　水から変化した水じょう気は空気中に出ていくので，加熱をやめると水じょう気になって空気中に出ていった分だけ水は減少している。

問７　氷は水のつぶが規則正しくならんでいる状態で，この状態を固体という。また，水は液体，水じょう気は気体であるが，目に見えない気体の水じょう気がまわりの空気によって冷やされて，細かい液体の水になって白く見える状態が湯気(ゆげ)である。

3 植物の発芽と成長についての問題

問１　実験１のＡとＢを比べると，発芽したＡでは，水でしめらせただっし綿(めん)の上に種子がのっていたが，発芽しなかったＢでは，種子が水の中に入れられていた。このことから，Ｂでは種子が水中にあるために空気が不足しており，十分に呼吸ができなかったために種子が発芽できなかったと考えられる。

問２　ＡとＣを比べると，だっし綿がしめっていたＡは発芽し，かわいていたＣは発芽しなかった。よって，種子の発芽には水が必要であることがわかる。

問３　ＤとＥを比べると，種子が発芽するのに適当な温度も必要であるとわかる。一方，種子がどちらも発芽したＡとＤを比べると，箱をかぶせて光を当てているかいないかという点だけが異なっている。このことから，インゲンマメの種子が発芽するためには種子に光が当たっている必要がないことがわかる。

問４　インゲンマメの種子の子葉には，種子が発芽するときに利用する養分であるでんぷんがたくわえられている。一方，種子が発芽して本葉が出たころには，子葉にたくわえられたでんぷんは使われてしまっているので，ヨウ素液を子葉にかけても青むらさき色に変化しない。

問５　水・空気・適切な温度の３つの発芽条件に，光・肥料を加えた５つが植物の成長条件である。よって，肥料を入れた水をあたえ，日光を当てて育てた植物が最もよく成長する。

4 天気についての問題

問１　空全体を10としたとき，雲が占(し)める割合が０～１のときの天気を「快晴」，２～８のときの天気を「晴れ」，９～10のときの天気を「くもり」としている。

問２　気温をはかるときには，温度計に直射日光が当たらないようにして，地面から1.2～1.5mの高さではかる。

問３　気温を縦軸，そのときの時刻を横軸にとり，打った点を折れ線で結ぶと，２時に気温が最も高くなることがわかる。

問４　晴れた１日目と比べて最高気温がだいぶ低いことや，１日の中での気温の変化が小さいことなどから，２日目の天気は空が雲におおわれていたくもりであったと考えられる。

問５　全国約1300カ所にあって，自動的に降水量・日照時間・気温・風向・風速などの気象観測データを送信する仕組みを，アメダスという。

問６　気象衛星から送られる雲画像では雲は白く映っており，日本の上空に吹く偏西風の影響で雲は西から東へと移動していく。よって，雲画像の白い部分が西から東に動く順に並べると，イ→ウ→アの順になる。

問７　日本上空に吹く偏西風のために雲は西から東へと移動していくので，日本の天気は西から東へ変化していく。夕焼けは太陽がしずむ西の方角が晴れているときに見られるものなので，次の日に雲が移動してくることはなく晴れると考えられる。

英語　＜第１回入試＞（30分）＜満点：70点＞

解答

1　No.1　2　No.2　2　No.3　1　No.4　3　2　No.1　2　No.2　2　No.3　3　No.4　2　3　No.1　1　No.2　2　No.3　2　No.4　3　4　(1)　エ　(2)　エ　(3)　ウ　(4)　ア　(5)　イ　5　(1)　ア　(2)　ウ　(3)　ア　6　(1)　Tom is going to eat a cake.[Tom is eating a cake.][Tom is talking with Jiro.]　(2)　Lucy is drinking a glass of juice.[Lucy is eating a cake.][Lucy is listening to Jiro.]

国語　＜第２回試験＞（45分）＜満点：100点＞

解答

一　問１　エ　問２　ウ　問３　a　お金を払って買いたい　b　誰にも売らない　問４　（例）　しっかりと覚えておきたかった　問５　ウ　問６　イ　問７　（例）　三十年前の白夜号・極夜号が埃もかぶらないまま置いてあった(こと。)　問８　ア　問９　いま，塚田　二　問１　A　イ　B　エ　問２　ウ　問３　イ　問４　（例）　科学が答えないような疑問にどんどん答えを出しても，空想的なものだと信用されなくなってしまう(から。)　問５　a　ものごとを知ろうという点　b　理論　c　知ることとか，好奇心とかいったこと自体　問６　エ　問７　X　（例）　火力と原子力を比べると，どちらからより多くのエネルギーを得られるのか　Y　（例）　原子力の技術を進歩させることは人間にとって正しいことなのか　問８　ⓐ～ⓒ　下記を参照のこと。　ⓓ　ひみつ　ⓔ　から(まわり)　三　問１　１　エ　２　ア　３　オ　４　ウ　５　イ　問２　１　キ

２ 刂　３ 广　４ 囗　５ 穴

●漢字の書き取り

二 問８ ⓐ 根(ほり)　ⓑ 親切　ⓒ 成功

解　説

一 **出典は川上健一の『極夜』による。**社会人となった塚田俊雄は，子どもの頃母親とよく遊びに行った「極夜」という喫茶店の主人であるアーマイさんと交わした約束を思い出す。

問１　アーマイさんは俊雄に「感謝している」と告げてはいるが，「何もいえなくなってしまった」後の出来事である。したがって，「何もいえなくなってしまった」理由として「アーマイさんが感謝していると言ったから」とあるエは不適切。

問２　俊雄は，「作品の一番の理解者」であり，アーマイさんの「大きな励み」ともなるほどに作品をながめていたのだから，Ａには，興味を持ったようすが表情に出るという意味を表す「目を輝かせながら」が入る。また，Ｂには，「あの」「もしかして……」とためらいながら話すようすに合う「おずおずと」がふさわしい。

問３　「ちゃんとお金を払って買いたい」と言う俊雄に対して，『予約済』という紙を貼り付け，アーマイさんは「誰にも売らないからね」と約束してくれたのである。

問４　「白夜号・極夜号は泣く泣くあきらめることにした」ものの，「あきらめきれない」ので，「頭に焼きつけた」，つまり，記憶する・覚えようとしたのである。

問５　「引っ越しをすること」に対して「怒り」を感じているとは読み取れないので，ウが不適切。

問６　イにもどすと，「ギャラリーがなくなっていて」を受けた形で「ギャラリーがなくなったということは」へとつながる。

問７　次の段落が「もっと信じられないことに」で始まっているということは「信じられなかった」ことが書かれているのは同じ段落の内容までなので，それをまとめる。

問８　アーマイさんの息子は，「死んだ父から，予約した少年と約束したのだから」，飛行船を「絶対にそのまま店に置いておくようにといわれ」ていた。その約束をした少年である俊雄が現れ，「亡くなった父の想い」が「実った」ことに感激しているのである。

問９　文章の前半は，「引っ越しの時のこと」を回想している場面で，「いま」から始まる後半は，現在の俊雄を描いている。

二 **出典は吉田夏彦の『なぜと問うのはなぜだろう』による。**もともと一つのものであった「哲学」と「科学」は，どういうところで区別されるようになってきたのかということについて説明している。

問１　**Ａ**　直前で述べた，「好奇心をみたすため」の「質問は，つづけようによっては，きりがなくなって」しまうことの，具体的な例が直後に続いているので，具体例を挙げるときに用いる「たとえば」が入る。　**Ｂ**　直前まで述べられていた具体的な話を受けて，「科学」には「かぎりがある」とまとめているのだから，前に述べた内容を“要するに”とまとめて言い換えるときに用いる「つまり」がよい。

問２　もどす文の「それでもそのさきがききたい」に着目。ウにもどすと，「『そこからさきは，きかれても困るんだ』というところが，科学にはかならずあ」り，「そのさきがききたいという人には，哲学が待っている」という文脈になり，合う。

問３　「それは哲学の問題です。科学者の答えることではありません」という「答えをもら」うような「質問」なのだから，「科学者」が「答える」ようなことではなく，「哲学」的なものである，「よいことか」を問うているイが選べる。

問４　「科学が，哲学からわかれるまえのほらふき学者」とは，「ガリレオやニュートンの時代になるまえに，自然のことについてしらべていた学者」や「いまでは科学者のなかまには数えられない学者」のこと。そのような学者たちは，「科学が答えないような疑問にも，どんどん答えを出していた」が，「そういう答えは空想的なものだとして，いまでは信用されなくなってい」るので，そのやり方にもどることに「意味はない」のである。

問５　**a**　「科学と哲学」が「共通している」ことをつかむ。「ものごとを知ろうという点では科学とおなじ」とある。　**b**　「科学」がどういう特性を持った「学問」であるのかをとらえる。「空はなぜ青くて赤くないのか」という疑問に対し，科学者は「物理学の理論を持ち出してくる」とある。つまり，「理論」をもとにするのが「科学」なのである。　**c**　「知ることとか，好奇心とかいったこと自体を問題にするのが哲学」だと述べられている。

問６　「哲学」は「『人間がものを知るとはどういうことか。その，知るということには，そこから先にはどうしても行けない，きりというものがあるのか』という問い」に答えようとする学問だと述べられていて，この内容とエが合う。

問７　**X**　「エネルギー」における「科学の分野が答え」られる内容を考える。高橋さんは，「エネルギーを得る」手段をいくつか挙げており，「理論」で説明する「科学」は，それらのどれがエネルギーをより多く得られるかなどということを答えられると考えられる。　**Y**　戸田さんの発言から，「原子力」についての問題を読み取ることができる。さまざまな立場によって，「原子力」との関わり方が異なるので，この問題について考えることが「哲学」だといえる。

問８　ⓐ　「根掘り葉掘り」で，事こまかく，しつこく問いただすという意味。　ⓑ　思いやりがあること。　ⓒ　目的を達成すること。　ⓓ　他人に知られないようにすること，一般に知られていないこと。　ⓔ　音読みは「クウ」で，「空気」などの熟語がある。

三　文学作品の知識，漢字の部首

問１　**1**　『枕草子（まくらのそうし）』は，清少納言（せいしょうなごん）による随筆（ずいひつ）。　**2**　『竹取（たけとり）物語』は，日本最古の物語。作者不詳（ふしょう）である。　**3**　『平家物語』は，平家の栄華（えいが）と衰退（すいたい）が描かれている軍記物語。　**4**　『おくのほそ道』は，江戸時代の俳人，松尾芭蕉（まつおばしょう）によって書かれた紀行文である。　**5**　『万葉集』は，日本に現存する最古の和歌集。

問２　**1**　「持」の部首は「扌」で，部首名は「てへん」である。　**2**　「別」の部首は「刂」で，部首名は「りっとう」である。　**3**　「広」の部首は「广」で，部首名は「まだれ」である。　**4**　「図」の部首は「囗」で，部首名は「くにがまえ」である。　**5**　「窓」の部首は「穴」で，部首名は「あなかんむり」である。

Memo

2022年度　東京家政大学附属女子中学校

〔電　話〕　(03) 3961－2447
〔所在地〕　〒173－8602　東京都板橋区加賀１－18－１
〔交　通〕　JR埼京線 ―「十条駅」より徒歩５分
都営三田線 ―「新板橋駅」より徒歩12分

【算　数】 〈第２回入試〉（45分）〈満点：100点〉

〔注意〕・解答用紙の**2**～**5**には（途中式）の欄があります。（途中式）の欄は考え方や計算を書くのに利用して下さい。
・問題に使用されている図は正確にかかれているとはかぎりません。

1　次の計算をしなさい。

①　$54 \div 6 + 13 \times 7$

②　$49 \times 132 + 68 \times 49$

③　$4.5 + 3.5 \times 2.4 - 1.4$

④　$4\frac{9}{10} \div 2\frac{5}{8} - \frac{1}{15} + 2\frac{1}{3} \times 1\frac{4}{5}$

⑤　$\frac{3}{5} \div 0.72 + \frac{1}{6} - 0.75 \times \frac{4}{5} \div 0.6$

⑥　$2\frac{2}{3} \times \left(1\frac{1}{6} - \frac{5}{8}\right) \div 1\frac{6}{7} + \frac{5}{9}$

2 次の □ にあてはまる数を答えなさい。

① 72 と 90 の最小公倍数は □ です。

② 6 色の折り紙がそれぞれ 1 枚ずつあります。この中から 2 枚を選ぶとき、色の選び方は、全部で □ 通りあります。

③ 10％の消費税を加えた代金が 2530 円の品物があります。この品物の消費税を抜(ぬ)いた値段は □ 円です。

④ 長さ 180m の電車が、トンネルに入り始めてから、完全に出終わるまで 55 秒かかりました。トンネルの長さが 700m のとき、この電車の速さは毎秒 □ m です。

3 次の問いに答えなさい。

① 現在、あきこさんの年齢(ねんれい)とお母さんの年齢の和は 78歳(さい)です。今から 15 年前は、お母さんの年齢は、あきこさんの年齢の 3 倍でした。現在、あきこさんは何歳ですか。

② あるソフトボール大会で、みうさんのチームは準決勝まで 1 試合の得点の平均は 4.5 点でした。決勝戦で 8 点取ったため、1 試合の得点の平均は 5 点に上がりました。この大会で、みうさんのチームは全部で何試合しましたか。

③　空の水そうを満水にするのに、管 A だけを使うと 36 分、管 B だけを使うと 24 分かかります。さきに管 A だけ 6 分間使い、その後、管 A と管 B の両方を使って水を入れると、満水にするのに管 A だけを使い始めてから全部で何分かかりますか。

④　下のグラフは、ろうそく A に火をつけてから 7 分後にろうそく B に火をつけたあと、2 本のろうそくが燃えつきるまでの様子を表しています。2 本のろうそくが同時に燃えつき、ろうそく B が 1 分間に 1.6cm ずつ短くなるとき、ろうそく B の火をつける前の長さは何 cm ですか。

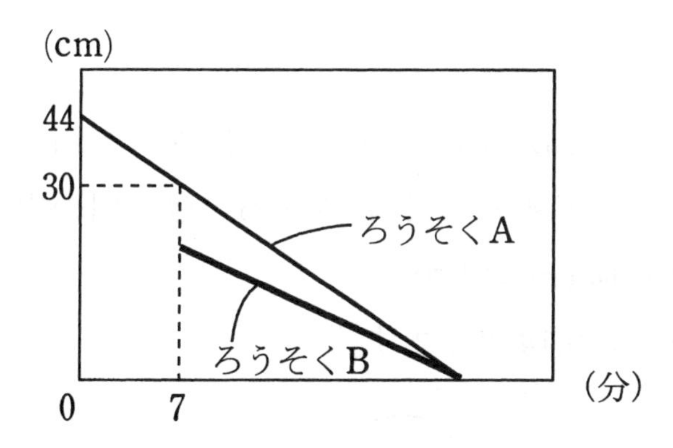

4 次の問いに答えなさい。

① 下の図は、点Oを中心とする円の中に、正五角形がちょうど入っている図形です。このとき、角xの大きさは何度ですか。

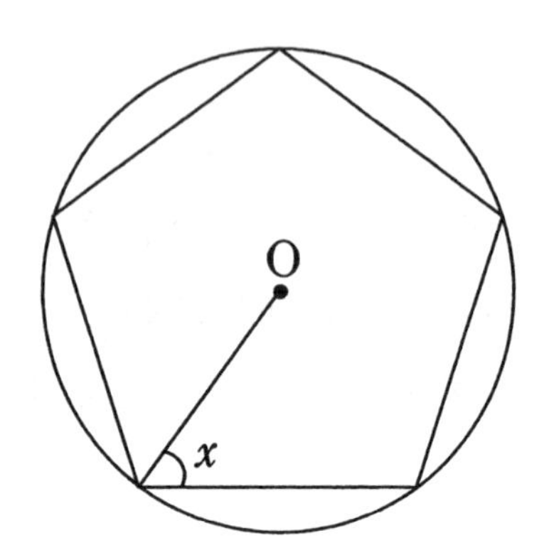

② 下の図のような、台形があります。半径が 2cm の円が台形の周の外側をすべることなく転がって 1 周するとき、円の中心が動いたあとの線の長さは何 cm ですか。
（ただし、円周率は 3.14 とします。）

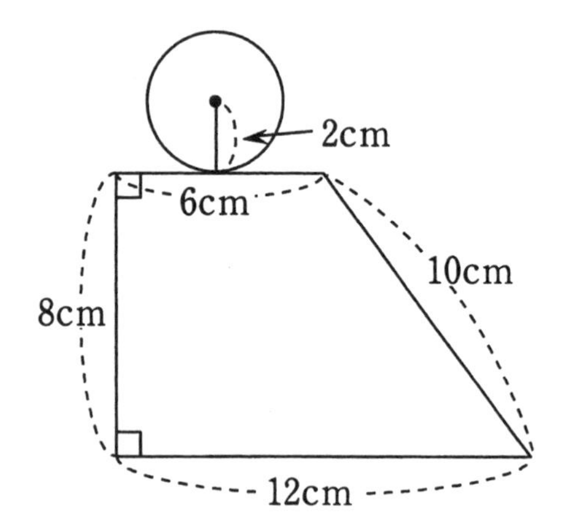

③　下の図で、四角形ABCDは台形です。（模様の部分）の部分の面積が32cm²のとき、AEの長さは何cmですか。

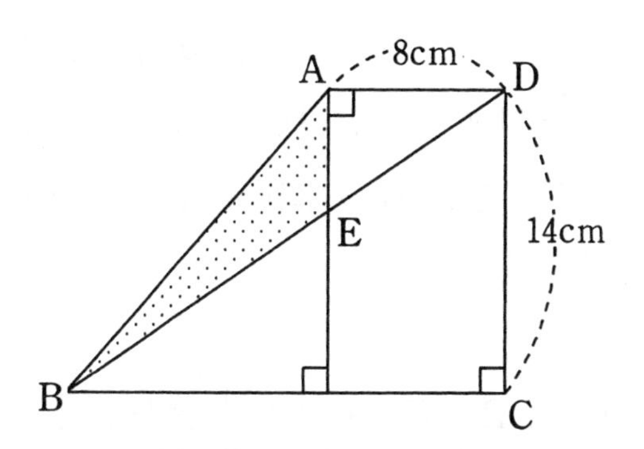

④　下の図は、四角柱の展開図です。この展開図を組み立ててできる立体の体積は何cm³ですか。

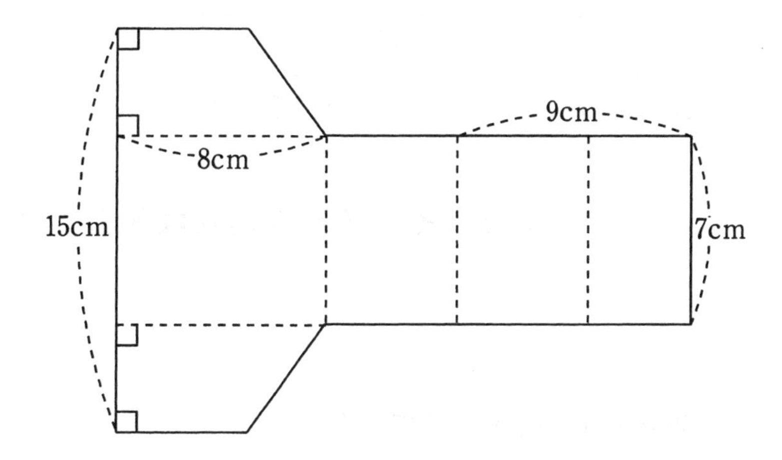

5　A，B，C，D，E の 5 チームがサッカーの試合をしました。各チームは、他の 4 チームと 1 回ずつ試合を行い、勝ったときは 3 点、引き分けのときは 1 点の勝ち点がそれぞれもらえ、負けたときは勝ち点はもらえません。下の表は、その結果を表したもので、Bチームは A チームに負けましたが、残りの 3 チームには勝ったので、勝ち点は 9 点です。このとき、あとの問いに答えなさい。必要ならば、下の表を利用して考えなさい。

	A	B	C	D	E	勝ち点
A		○				10
B	×		○	○	○	9
C		×				4
D		×				3
E		×				1

○…勝ち　×…負け　△…引き分け

① A チームと E チームは、それぞれ何勝何敗何引き分けでしたか。

② D チームは何勝何敗何引き分けでしたか。

【社　会】〈第２回入試〉（理科と合わせて45分）〈満点：50点〉

1　栃木県足利（あしかが）市の一部を示した次の地形図をみて、あとの問いに答えなさい。

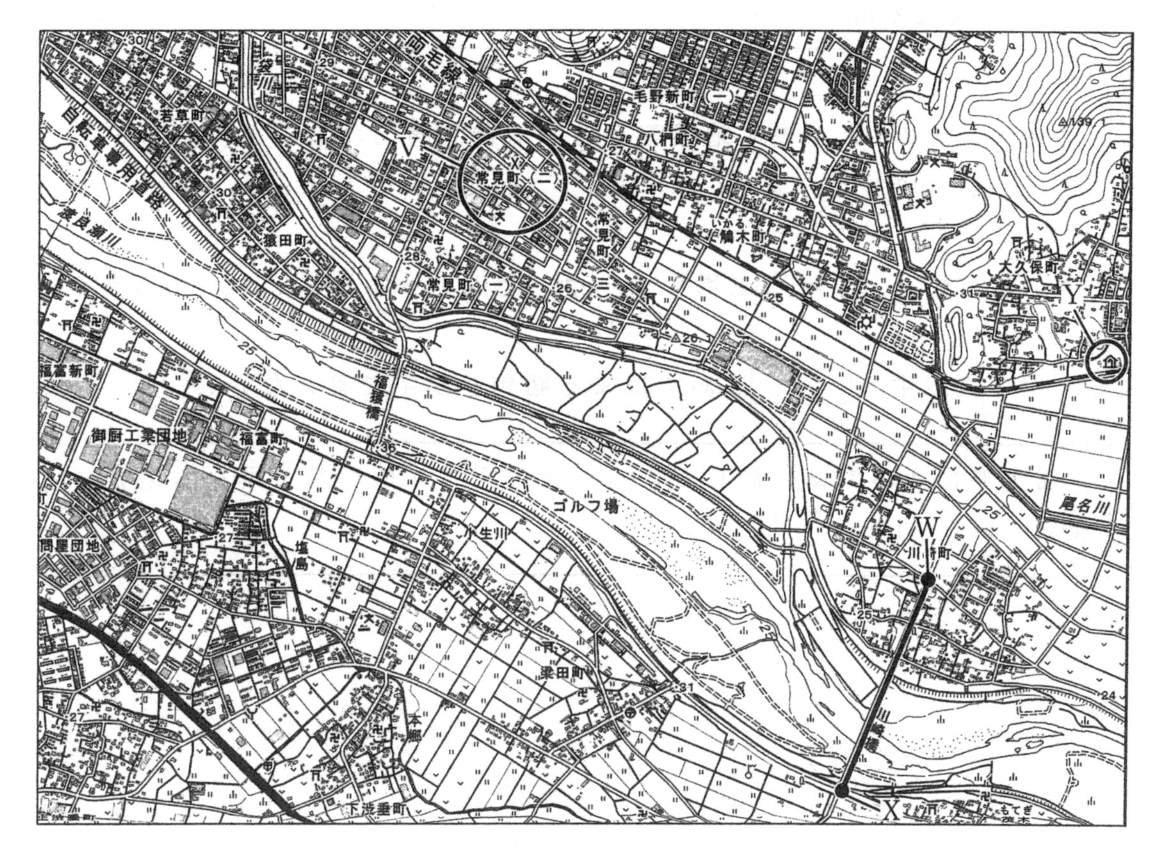

（国土地理院発行２万５千分の１地形図「足利南部」）

問１　地形図中からわかることについて述べた文として最も適切なものを次から１つ選び、記号で答えなさい。

ア　渡良瀬川（わたらせがわ）は、北東から南西に流れている。
イ　地形図中のＶの範囲には、学校や交番が位置している。
ウ　地形図中の範囲には、北関東自動車道が通っている。
エ　渡良瀬川より南の地域には、田はあるが畑はない。

問２　地形図中の Ｗ から Ｘ までは、地形図上の直線距離（きょり）で３㎝です。実際の距離は何ｋｍですか。

問3　次の条件にあてはまる地名を答えなさい。

地形図上の北東から流れる川で、渡良瀬川よりも北側に位置し、田や畑の中を流れる川。

問4　地形図中のYが表す地図記号として最も適切なものを次から1つ選び、記号で答えなさい。

ア　美術館　　**イ**　工場　　**ウ**　老人ホーム　　**エ**　市役所

問5　次の文章中の[　　]にあてはまる語句を漢字で答えなさい。

栃木県は4つの県と接している。そのうち、栃木県と異なる地方に属している県は[　　]県である。

2　下の地図をみて、次の問いに答えなさい。

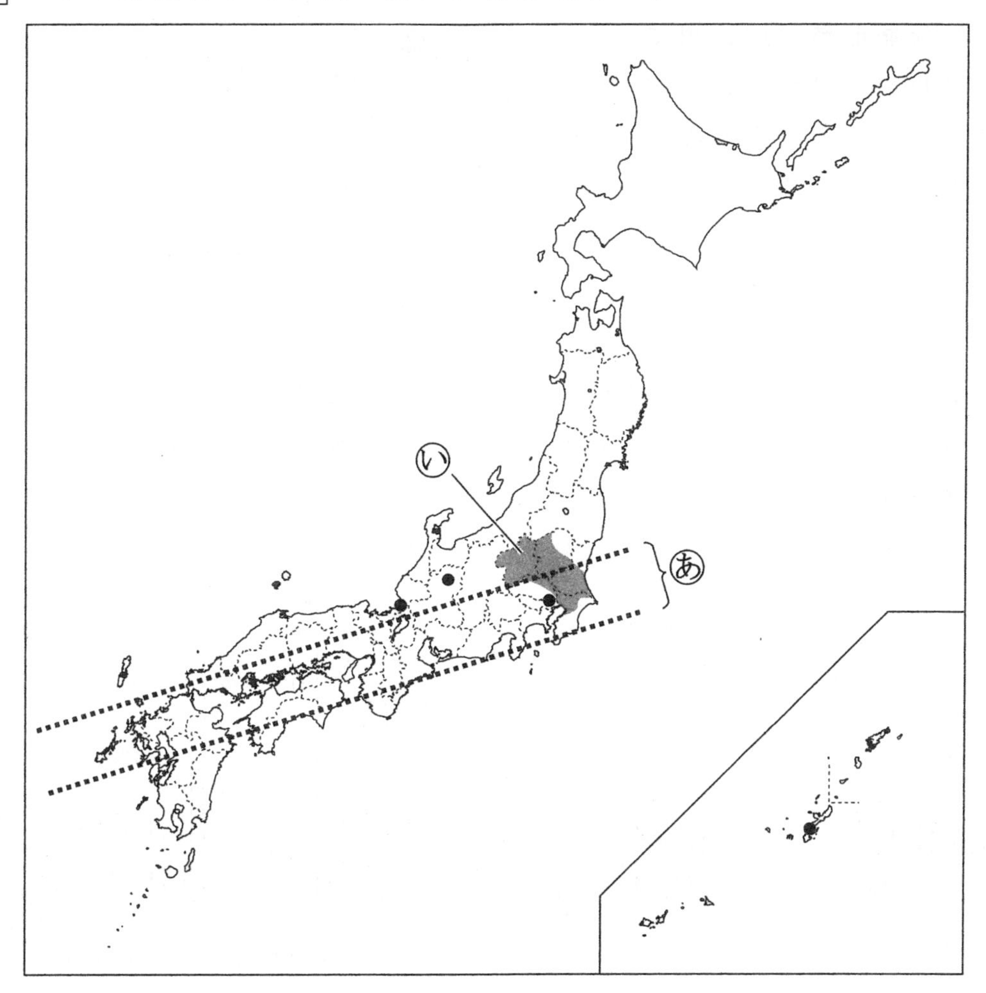

問１　地図中のあの地域には、工業地帯や工業地域が広がっています。あの地域の名前を答えなさい。

問２　次の資料Ａは、2018年における、全国にしめる各工業地帯と工業地域の出荷額の割合を表したものです。Ｗにあてはまるものとして最も適切なものをあとから１つ選び、記号で答えなさい。

資料Ａ

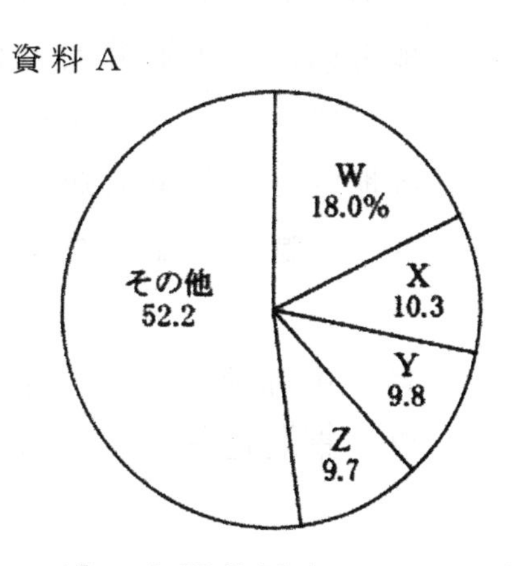

（「日本国勢図会 2021/22」）

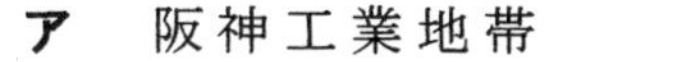

ア　阪神工業地帯　　**イ**　京浜工業地帯
ウ　瀬戸内工業地域　　**エ**　中京工業地帯

問３　地図中の㋑の地域には、日本一流域面積が広い川である利根川が流れています。世界の川と比べた日本の川の特徴(とくちょう)を、右の資料Ｂを参考にして、簡潔(かんけつ)に書きなさい。

資料Ｂ

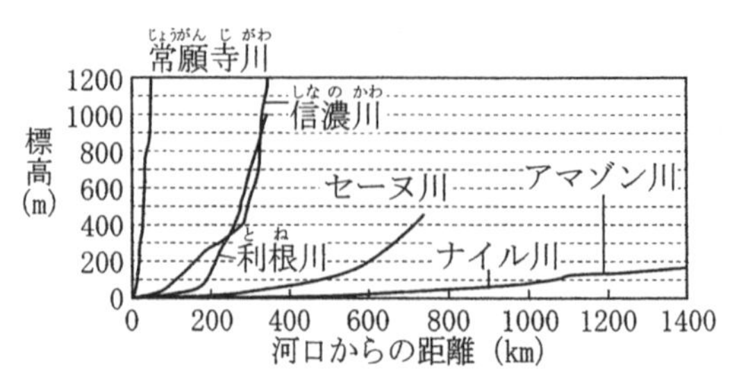

(「日本の川〈日本の自然３〉ほか」)

問４　次の**ア**～**エ**のグラフは、地図中の●の各都市にそれぞれ当てはまる雨温図になります。本州にある都市の雨温図を西から３つ順番に並べ、記号で答えなさい。

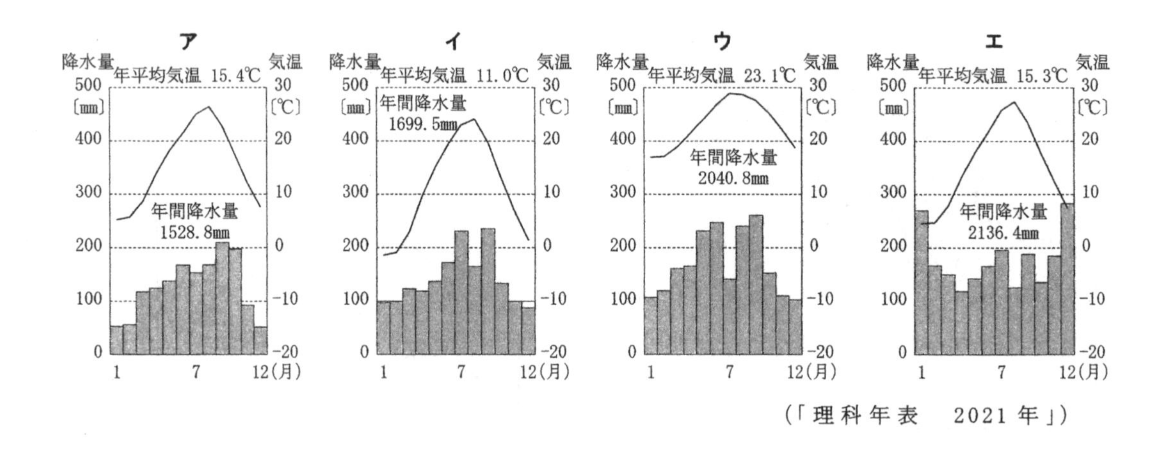

(「理科年表　2021年」)

問５　右の資料Ｃは、2019年における、地方別の米の収穫(しゅうかく)量の割合を表したものです。グラフ中のＰにあてはまる地方として最も適切なものを次から１つ選び、記号で答えなさい。

ア　中部(ちゅうぶ)地方　　**イ**　関東(かんとう)地方
ウ　東北(とうほく)地方　　**エ**　九州(きゅうしゅう)地方

資料Ｃ

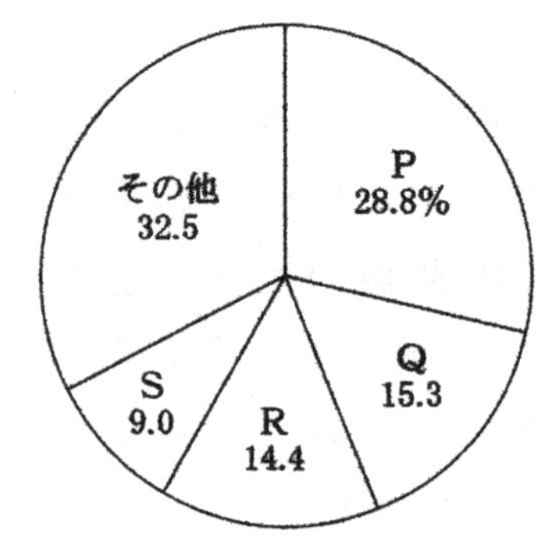

(「データでみる県勢2021年版」)

3 次の資料Ａ～Ｅは、日本の歴史に関係する人物や物の写真やイラストです。これらをみて、あとの問いに答えなさい。

資料Ａ

資料Ｂ

資料Ｃ

資料Ｄ

資料Ｅ

問１　資料Ａは、縄文～弥生時代の建物の写真です。資料Ａの建物として最も適切なものを次から１つ選び、記号で答えなさい。

ア　前方後円墳　　**イ**　たて穴住居
ウ　武家屋敷　　**エ**　書院造

問２　資料Ｂについて、この建物を建てた聖徳太子が行ったこととして**誤っているもの**を次から１つ選び、記号で答えなさい。

ア　大化の改新を行った。　　**イ**　冠位十二階を定めた。
ウ　十七条の憲法を定めた。　　**エ**　遣隋使を送った。

問３　資料Ｃは、平安時代の様子をえがいた絵です。平安時代の日本風の文化（国風文化）を代表するものとして**誤っているもの**を次から１つ選び、記号で答えなさい。

ア　源氏物語　　**イ**　かな文字　　**ウ**　枕草子　　**エ**　金閣

問４　資料Ｄは、江戸時代に行われていた鎖国政策で使われていた道具を表しています。この道具はどのような目的で使われていましたか。「キリスト教」という語句を用いて簡潔に書きなさい。

問５　資料Ｅは、江戸時代から明治時代に変わる頃の様子をえがいた絵です。明治時代に起こった、西洋の考え方を取り入れる流れや文化の変容を何といいますか。漢字４字で答えなさい。

4 次の年表は、日本の歴史をまとめたものです。これをみて、あとの問いに答えなさい。

年	できごと
5～6世紀ごろ	ぁ大和朝廷（大和政権）が、九州地方から東北地方南部までの豪族や王たちを従えるようになる
710	都がぃ平城京に移る
1192	ぅ源頼朝が征夷大将軍になる
1467	応仁の乱がおこる
1590	ぇ豊臣秀吉が全国を統一する
1945	ぉ太平洋戦争が終わる

問１　年表中の下線部ぁが栄えたころに、中国や朝鮮半島から日本列島へ来て住み着いた人々を何といいますか、漢字で答えなさい。

問２　年表中の下線部ぃが置かれた現在の府県として最も適切なものを次から１つ選び、記号で答えなさい。

ア　三重県　　**イ**　大阪府　　**ウ**　京都府　　**エ**　奈良県

問３　年表中の下線部ぅが家来になった武士（御家人）と築いた関係についてまとめた次の文章中の［X］と［Y］にあてはまる語句をそれぞれ答えなさい。ただし、［Y］については漢字で答えなさい。

> 将軍は御家人らに対して、先祖からの土地の所有を認めたり、新たな領地をあたえたりしました。これを、［X］といいます。一方で御家人らは、戦いが起こると鎌倉にかけつけ、幕府のために戦いました。これを、［Y］といいます。

問４　年表中の下線部えが行ったこととして**誤っているもの**を次から１つ選び、記号で答えなさい。

ア　武家諸法度を定め、全国の大名を取りしまった。
イ　検地を行い、田畑の広さや土地のよしあしを調べた。
ウ　刀狩令を出し、百姓たちから武器を取り上げた。
エ　２度にわたって朝鮮に大軍を送った。

問５　年表中の下線部おのあと、敗戦した日本をアメリカなどの連合国軍が占領して行った戦後改革の内容として**誤っているもの**を次から１つ選び、記号で答えなさい。

ア　20才以上の男女に選挙権が保障された。
イ　不平等条約を改正し、日本と諸外国が平等な立場になった。
ウ　日本国憲法が公布、施行された。
エ　農地改革で、小作農家が自分の土地を持てるようになった。

5 次の表は、ちひろさん、りょうさん、ゆいさん、あおいさん、しょうさんが、社会の授業で調べることにしたテーマをまとめたものです。これをみて、あとの問いに答えなさい。

名前	テーマ
ちひろさん	ぁ日本国憲法
りょうさん	ぃ国の政治
ゆいさん	ぅ地方の政治
あおいさん	ぇ選挙のしくみ
しょうさん	ぉ日本の観光(かんこう)産業

問1 表中の下線部ぁにおいて定められている国民の義務として**誤っているもの**を次から1つ選び、記号で答えなさい。

ア 子どもに教育を受けさせる義務　**イ** 仕事について働く義務
ウ 税金を納(おさ)める義務　**エ** 政治に参加する義務

問2 表中の下線部ぃについて、国会・内閣(ないかく)・裁判所(さいばんしょ)の3つで国の重要な役割を分担(ぶんたん)するしくみを何といいますか。漢字4字で答えなさい。

問3 表中の下線部ぅについて、市の仕事や、市議会・市議会議員の仕事として最も適切なものを次から1つ選び、記号で答えなさい。

ア 市議会は、市役所でつくられた計画書や予算が適切かどうかを話し合う。
イ 市議会議員の多数決により、法律が制定される。
ウ 市のすべての問題を、市の力や市の住民からの税金だけで解決する。
エ 市民に、市役所や市議会議員の仕事内容がもれないようにする。

問４　表中の下線部ぇについて、平成 28 年に選挙権を持つ人の年齢は 18 歳以上に引き下げられました。資料Ａを参考にして、引き下げた理由を考えて答えなさい。

資料Ａ

2020 年の日本の人口ピラミッド（縦の数字は年齢、横の数字は人口（万人）

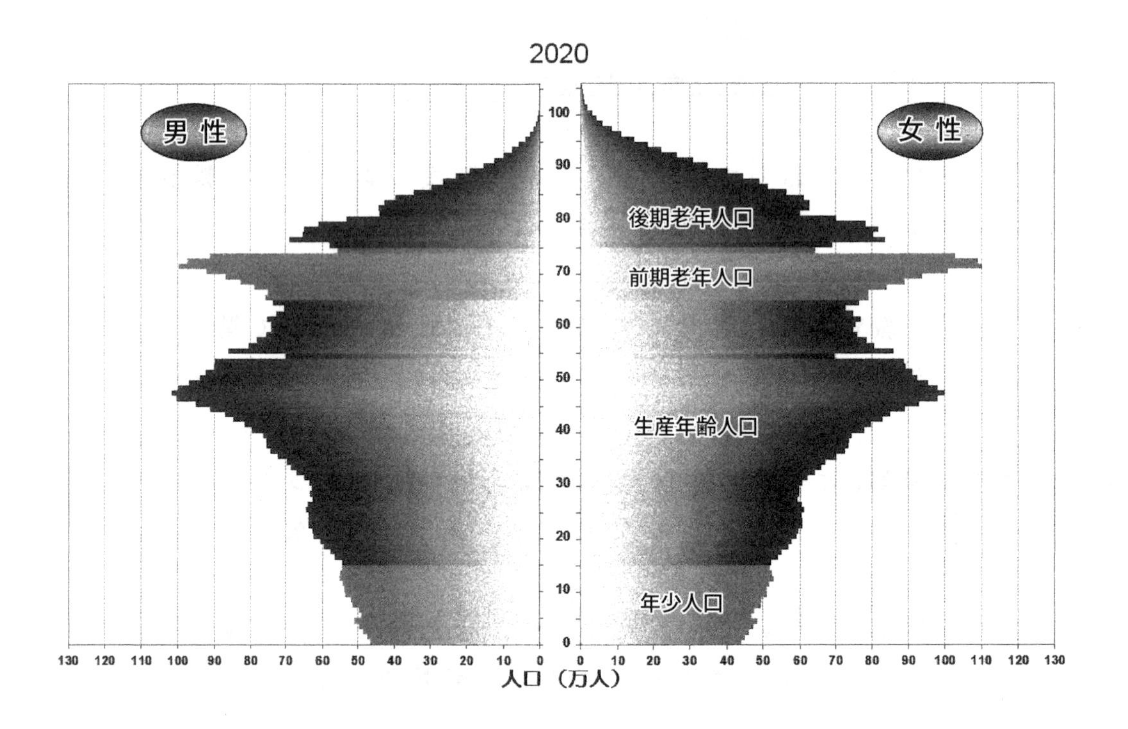

（出典：国立社会保障・人口問題研究所ホームページ）

問５　表中の下線部ぉについて、2021 年７月 27 日、日本の縄文遺跡群が世界文化遺産に登録されたことを受けて、今後観光客が増加することが予想されます。この縄文遺跡群が分布している県として**誤っているもの**を次から１つ選び、記号で答えなさい。

ア　青森県　　**イ**　岩手県　　**ウ**　茨城県　　**エ**　秋田県

【理　科】〈第２回入試〉（社会と合わせて45分）〈満点：50点〉

1　ふりこやてこのしくみについて調べるために，実験を行いました。

【実験１】 ふりこが１往復する時間のきまりを調べるために，**図１**のような10ｇのおもりを使って，次の実験を行いました。

① ふりこのふれはばを30°，ふりこの長さを50 cmにして10往復する時間を計り，１往復する時間を計算しました。

② ふりこのふれはばを30°，ふりこの長さを30 cmにして10往復する時間を計り，１往復する時間を計算しました。

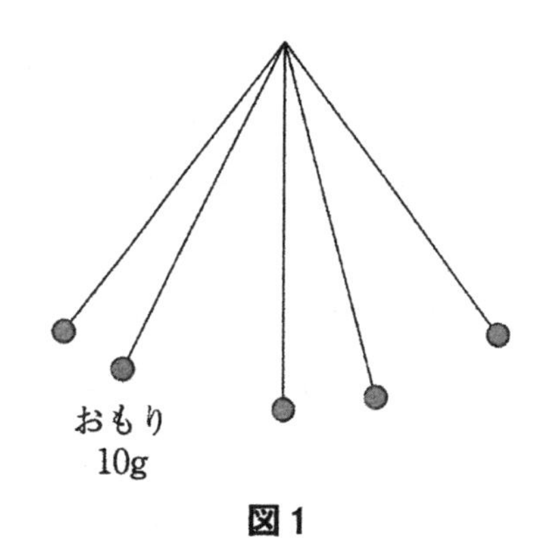

図１

③ ふりこのふれはばを15°にし，ふりこの長さを50cmにした場合と100cmにした場合で，①，②と同じように実験をしました。その結果を，下の**表１**～**表４**のようにまとめました。

ふれはばの角度30°　長さ50cm

回数	10往復の時間(秒)	1往復の時間(秒)
1	13.91	1.4
2	14.12	1.4
3	14.04	1.4

表１

ふれはばの角度30°　長さ30cm

回数	10往復の時間(秒)	1往復の時間(秒)
1	10.77	1.1
2	11.12	1.1
3	10.95	1.1

表２

ふれはばの角度15°　長さ50cm

回数	10往復の時間(秒)	1往復の時間(秒)
1	13.95	1.4
2	14.25	1.4
3	14.12	1.4

表３

ふれはばの角度15°　長さ100cm

回数	10往復の時間(秒)	1往復の時間(秒)
1	20.12	2.0
2	20.05	2.0
3	20.12	2.0

表４

問１　ふりこが１往復する時間が，ふりこのふれはばに関係しているかどうかを調べるには，**表１**～**表４**のどれとどれを比べればよいですか。番号で答えなさい。

問２　**表１**と**表２**を比べると，どのようなことがわかりますか。30字以内で説明しなさい。

問３　ふりこのふれはばが45°，ふりこの長さが30㎝，おもりが10ｇのとき，１往復する時間は何秒だと考えられますか。

問４　ふりこが１往復する時間が，おもりの重さに関係しているかどうかを調べるには，どのような条件で実験をするとよいですか。次の**ア**～**エ**から１つ選び，記号で答えなさい。

ア．おもりの重さを同じにして，ふりこのふれはばとふりこの長さの両方を変える。
イ．ふりこのふれはばを同じにして，おもりの重さとふりこの長さの両方を変える。
ウ．ふりこの長さを同じにして，おもりの重さとふりこのふれはばの両方を変える。
エ．ふりこのふれはばとふりこの長さを同じにして，おもりの重さだけを変える。

【実験２】てこのしくみとはたらきを調べるために，**図２**のような棒を使って，ものを持ち上げる実験を行いました。

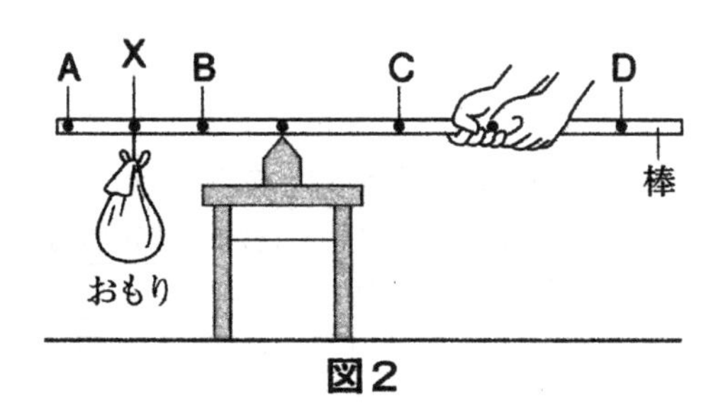

図２

問５　**図２**の**X**のように，ものに力がはたらくところを何といいますか。名前を書きなさい。

問６　**図２**のてこを使っておもりを持ち上げるとき，最も弱い力で持ち上げるためには，おもりをつるす位置・棒をおす位置はどこにしたらよいですか。次の**ア**～**エ**から１つ選び，記号で答えなさい。

ア．おもりをつるす位置：**A**　　棒をおす位置：**C**
イ．おもりをつるす位置：**A**　　棒をおす位置：**D**
ウ．おもりをつるす位置：**B**　　棒をおす位置：**C**
エ．おもりをつるす位置：**B**　　棒をおす位置：**D**

問７　**図３**のように，実験用てこにおもりをつるして，つりあわせます。左のうでの４番の位置に20ｇのおもりを，左のうでの２番の位置に10ｇのおもりをつるした場合，右のうでの５番には何ｇのおもりをつるせばつり合いますか。

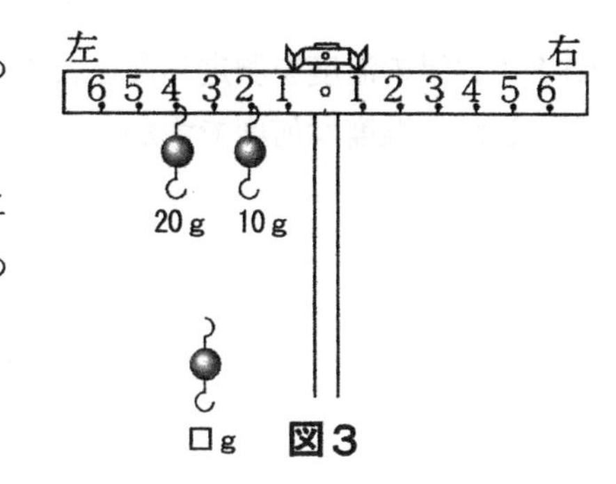

図３

問８　てこを利用した道具として，加えた力よりもはたらく力のほうが小さいものはどれですか。次の**ア**～**エ**から２つ選び，記号で答えなさい。

ア　ペンチ　　**イ**　ピンセット　　**ウ**　せんぬき　　**エ**　和ばさみ

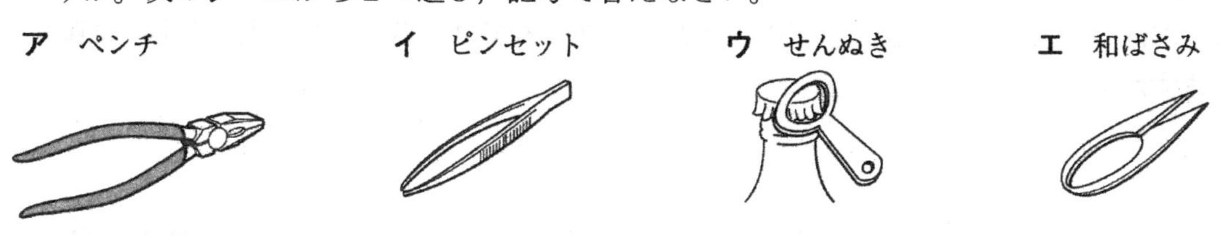

2　空気，水，金属をあたためる実験を行いました。

【実験１】図１のような空気を入れたフラスコ**A**と，水を入れたフラスコ**B**を用意し，同時にお湯の中に入れて温めました。このときの赤インクと水面の動きについて，以下の問いに答えなさい。

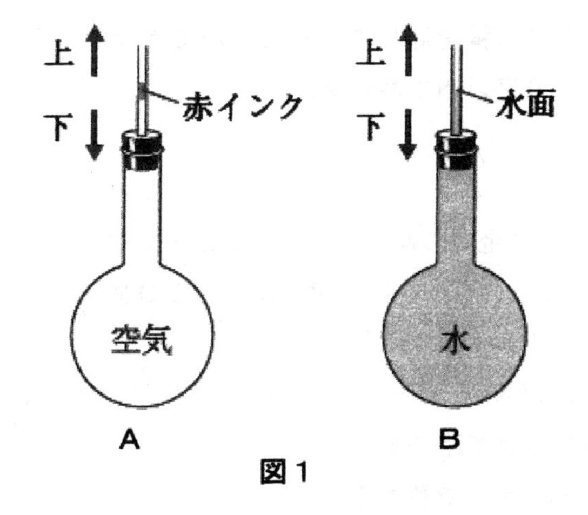

図１

問１　お湯の温度を測定したところ，温度計は**図２**のようになりました。温度は何度ですか。

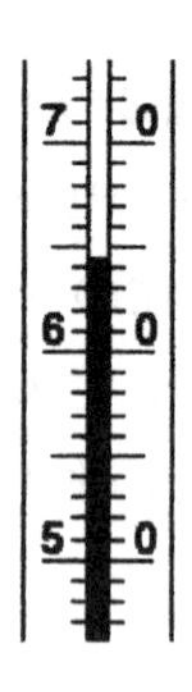

図２

問２　お湯の中で温めた場合，空気の入ったフラスコ**Ａ**では，赤インクは上下どちらに動きますか。

問３　お湯の中で温めた場合，水の入ったフラスコ**Ｂ**では，水面は上下どちらに動きますか。

【実験２】図３のように，ちょうど金属の輪を通りぬけることができる大きさの金属の球を，ガスバーナーで熱しました。その後，再び金属の輪を通りぬけることができるかどうかを確かめたところ，金属の輪を通りぬけることができませんでした。

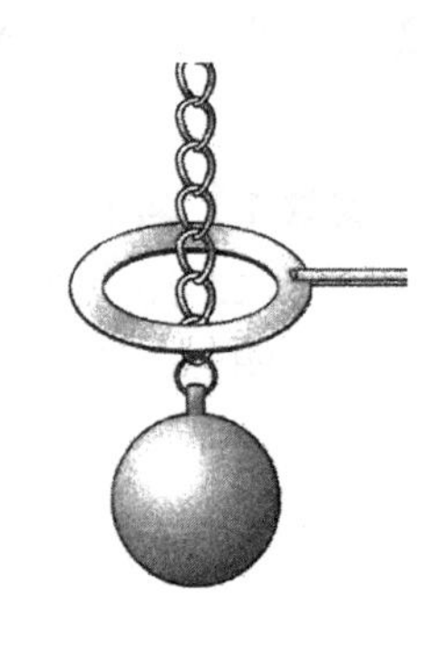

図３

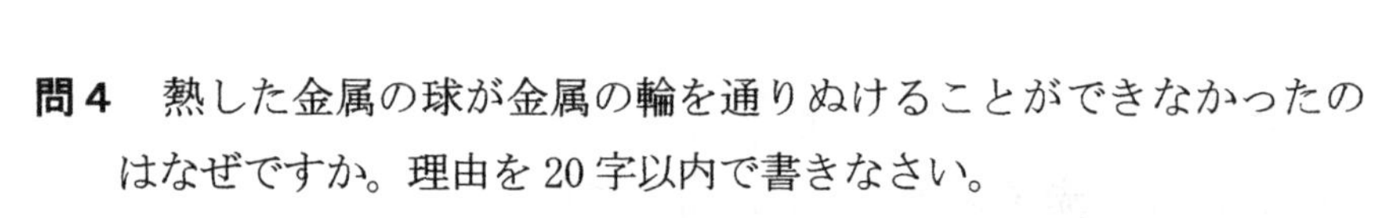

問４　熱した金属の球が金属の輪を通りぬけることができなかったのはなぜですか。理由を20字以内で書きなさい。

問５　熱した金属の球が，再び金属の輪を通りぬけることができるようにするためには，どうすればよいですか。正しいものを次の**ア**～**エ**から**２つ**選び，記号で答えなさい。

ア．　金属の球を氷水に入れて冷やす。

イ．　金属の球をさらにガスバーナーで熱する。

ウ．　金属の輪を氷水に入れて冷やす。

エ．　金属の輪をガスバーナーで熱する。

問６　身近な物質の体積変化について，正しく述べた文章を**ア〜カ**の中から**すべて**選び，記号で答えなさい。

ア．　夏は冬にくらべて，電線がたるんでいる。
イ．　冬は夏にくらべて，線路のレールのつなぎ目のすき間がせまくなっている。
ウ．　ガラス瓶の金属のふたが空かないときは，温めるとよい。
エ．　へこんだピンポン球は，あたためると元に戻る。
オ．　冷凍庫の製氷皿でできた氷は，へこんでいる。
カ．　コップいっぱいの氷水は，氷がとけると水があふれる。

3　人や動物の体のはたらきについて調べるため，調べ学習や実験を行いました。

【調べ学習】 吸いこむ空気とはき出す空気や，肺のはたらきについて調べ，肺のつくりについて**図１**のように表しました。

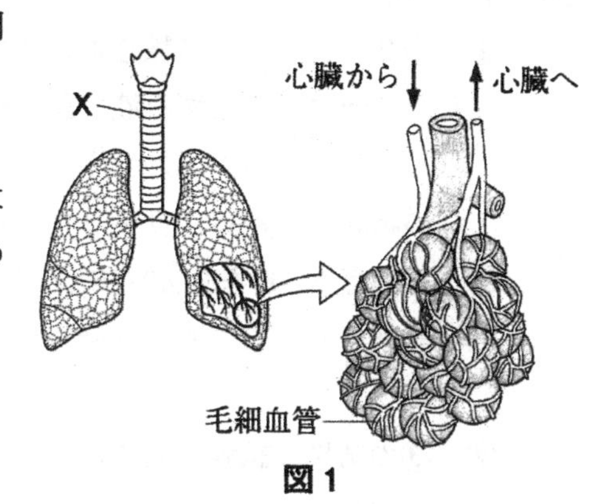

図１

問１　吸いこむ空気について，酸素の体積の割合を気体検知管で調べました。吸いこむ空気の酸素の体積の割合を示しているのはどれですか。次の**ア〜エ**から１つ選び，記号で答えなさい。

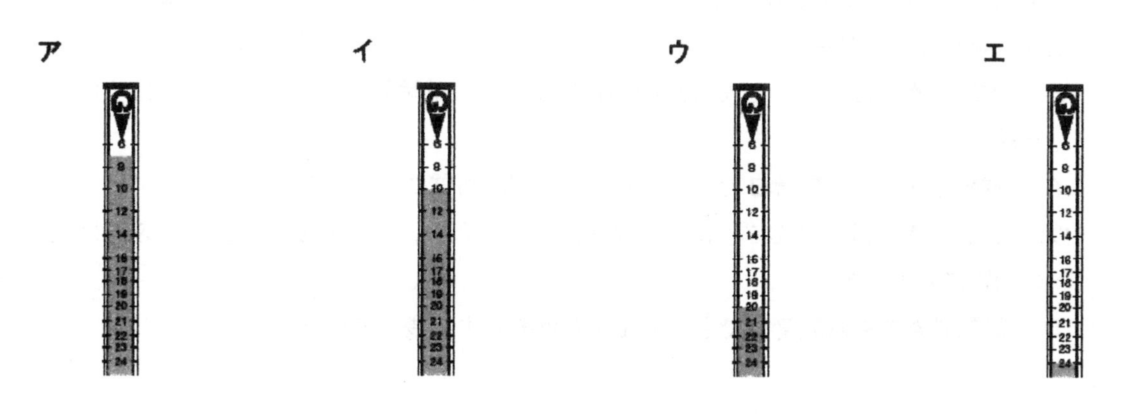

問2　吸いこんだ空気は**図1**の**X**を通して肺(肺ほう)に送られます。**X**を何といいますか。名前を書きなさい。

問3　**図1**の肺ほうは小さなふくろ状になっているため，表面の面積がとても広くなっており，その周りを毛細血管が取り巻いています。このように，表面の面積が広くなっているのはなぜですか。理由を20字以内で書きなさい。

【実験】でんぷんが，だ液によってどのように変化するかを調べる実験を行いました。

① **図2**のように，試験管**A**にはだ液とすりつぶしたご飯つぶの上ずみ液，試験管**B**には水とすりつぶしたご飯つぶの上ずみ液を入れ，それぞれの試験管をゆっくりふりました。

② 試験管**A**，**B**を約40℃の湯であたためました。

③ 試験管**A**，**B**にヨウ素液を入れて，色の変化を調べました。

④ ③の結果，試験管**A**では色の変化が見られませんでしたが，試験管**B**では色の変化が見られました。

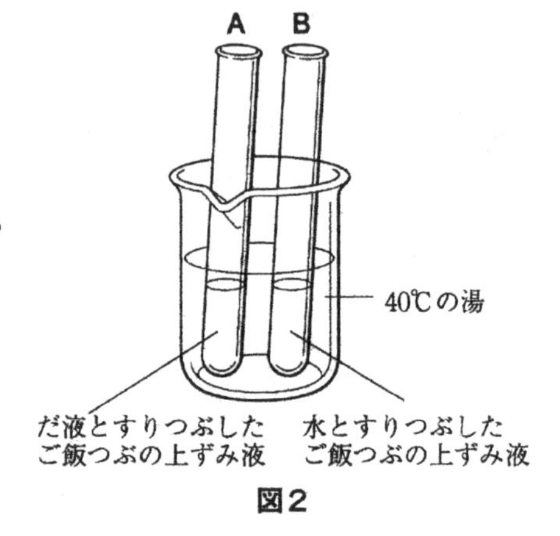

図2

問4　試験管**B**は何色に変化しましたか。色の名前を書きなさい。

問5　試験管**A**，**B**の結果を比べて，どのようなことがわかりますか。次の**ア**～**エ**から1つ選び，記号で答えなさい。

ア．試験管**A**では，でんぷんは別の物質に変化し，試験管**B**では，でんぷんはそのまま残っていた。

イ．試験管**A**でも試験管**B**でも，でんぷんは別の物質に変化した。

ウ．試験管**A**では，でんぷんはそのまま残っていたが，試験管**B**では，でんぷんは別の物質に変化した。

エ．試験管**A**でも試験管**B**でも，でんぷんはそのまま残っていた。

問６　取り入れられたでんぷんは，体の中で消化液によって分解され，吸収されます。体のどの部分から吸収されますか。次の**ア**～**エ**から１つ選び，記号で答えなさい。

ア．小腸　　**イ**．大腸　　**ウ**．胃　　**エ**．肝臓(かんぞう)

問７　**問６**で吸収された養分は，何によって体のすみずみまで運ばれますか。名前を書きなさい。

4　大地のようすや変化について調べるため，観察や実験，調べ学習を行いました。

【観察】大地のしま模様の層のようすを**図１**のようにスケッチしました。

【実験】層のでき方を調べるために，実験を行いました。**図２**のようにれき，砂，泥(どろ)を混ぜて水の入ったびんに流しこみ，しばらく時間をおいてようすを観察しました。

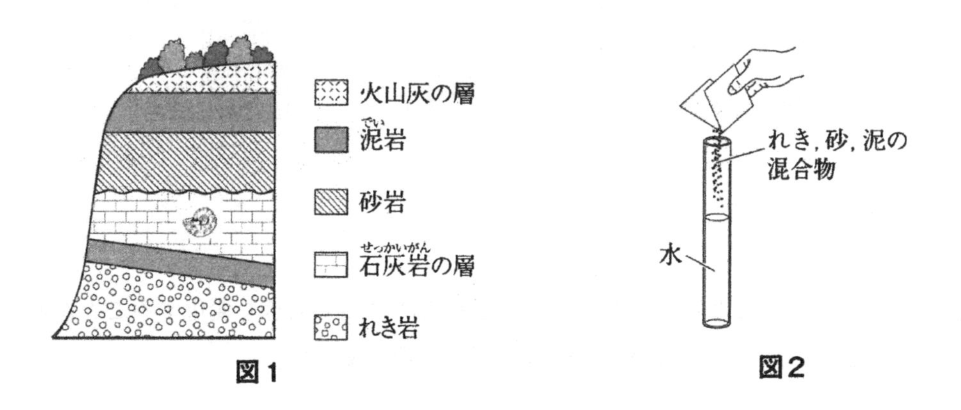

図１　　**図２**

問１　観察で見られたようなしま模様の層を何といいますか。名前を書きなさい。

問２　**図１**の層には，火山灰の層が見られました。このことから，この層ができたときには近くで何が起こったと考えられますか。次の**ア**～**エ**から１つ選び，記号で答えなさい。

ア．大きな地震(じしん)　　**イ**．川のはんらん
ウ．森林の火災　　**エ**．火山のふん火

問3　層の中には，**図3**のような，大昔の生物の体や生活のあとが残っていることがあります。これを何といいますか。名前を書きなさい。

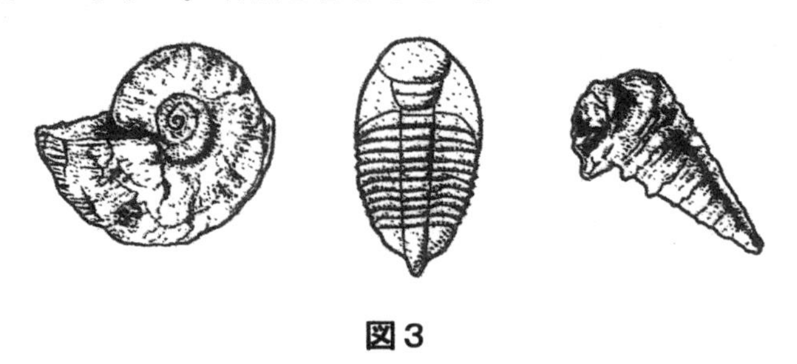

図3

問4　実験の結果，びんの中のようすはどのようになりましたか。正しいものを次の**ア**～**エ**から１つ選び，記号で答えなさい。

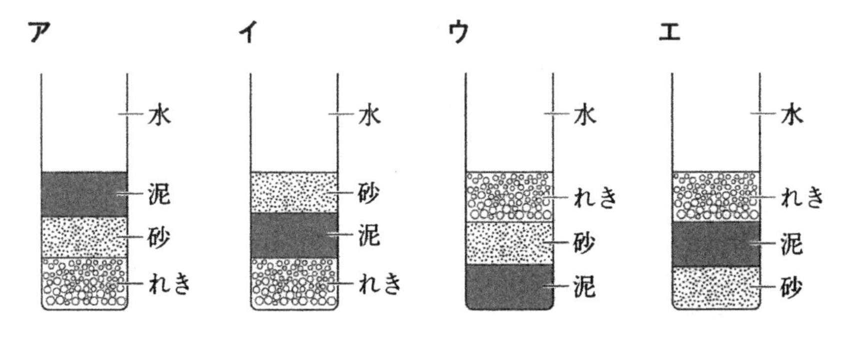

【調べ学習】私たちのすむ大地は，地震や火山のふん火によって大きく変化することがあります。こうした変化について，資料を読んで調べました。

問5　火山のふん火では，地表に液状のものが流れ出ることがあります。この流れ出したものを何といいますか。名前を書きなさい。

問6　大きな地震が海底で発生したとき，特に沿岸部にすむ人たちが注意するべきことは何ですか。次の**ア**～**エ**から１つ選び，記号で答えなさい。

ア．山くずれ　　**イ**．津波(つなみ)

ウ．地盤沈下(じばんちんか)　　**エ**．液状化

【英語(筆記)】〈第１回入試〉(30分)〈満点：70点〉

〈編集部注：**1**～**3**はリスニングテストです。また，筆記のほかに面接(５分・満点30点)があります。
本誌においては，編集の都合上，筆記のみを掲載しております。〉

1 英語を聞いて，その内容に合う絵を選ぶ問題です。これから短い英語の対話文を２度くりかえして読みます。その内容に合う絵を**１～３**の中から１つ選び，番号で答えなさい。

2 イラストを参考にしながら英語を聞き，最も適切な応答を選ぶ問題です。これから，短い英語の対話とそれに続く応答を２度くりかえして読みます。対話の最後の文に対する応答として最も適切なものを**1～3**の中から１つ選び，番号で答えなさい。

No. 1

No. 2

No. 3

No. 4

3 英語を聞いて答えを選ぶ問題です。これからまとまった内容の英文と，その内容に関する英語の質問を２度くりかえして読みます。質問の答えとして最も適切なものを**1～3**の中から１つ選び，番号で答えなさい。

No. 1
1 She has been here for 2 years.
2 She has been here for 3 years.
3 She has been here for 5 years.

No. 2
1 He is Kyoko's classmate.
2 He is Mary's father.
3 He is an English teacher.

No. 3　**1**　She started to study it by using Japanese comic books.
　　　2　She started to study it by speaking Japanese with her classmates a lot.
　　　3　She started to study it by using a Japanese textbook for children.

No. 4　**1**　She is studying Japanese by watching Japanese dramas.
　　　2　She is studying English by watching dramas in English.
　　　3　She is studying English by using Japanese comic books.

※〈リスニング台本〉は，英語の問題のおわりに掲載してあります。

4　次の（１）から（５）までの（　　）に入れるのに最も適切なものを**ア～エ**の中から１つ選び，記号で答えなさい。

（１）　This is a (　　) for you.　I went to the museum and bought it there.

ア　goods　　**イ**　garbage　　**ウ**　gift　　**エ**　art

（２）　You (　　) speak so loudly.　I can hear you very well.

ア　must　　**イ**　don't have to　　**ウ**　would　　**エ**　should

（３）　Shun is a great singer.　I enjoy (　　) to his songs.

ア　listen　　**イ**　to listen　　**ウ**　listening　　**エ**　listened

（４）　A : Which season do you like (　　) of all?
　　　B : Spring.

ア　very much　　**イ**　a lot　　**ウ**　better than　　**エ**　the best

（５）　A : Are you interested (　　) music?
　　　B : Yes.　I like the Beatles very much.

ア　at　　**イ**　on　　**ウ**　for　　**エ**　in

5 次のポスターの内容と下の会話文を読み，（１）から（３）までの英文の質問に対する答えとして最も適切なものを**ア～エ**の中から１つ選び，記号で答えなさい。

The City Festival

DATE ：Saturday, September 3

TIME ：10 a.m.-5 p.m.

PLACE：Midori Park

10 a.m.-11 a.m.	DANCE STAGE by Midori Junior High School dance club
11 a.m.-12 p.m.	PIANO CONCERT by pianist Takada Reika
1 p.m.-3 p.m.	DRAMA "Best Friend" by Midori High School drama club
3 p.m.-5 p.m.	KARAOKE CONTEST

※If you want to join the contest, please call the information desk, 123-××××.

All events will be held on the main stage.

During the festival, there are many food stands along the main street.
You can enjoy many kinds of food and drink.

Please come and enjoy the festival!

Mai: Hi, Jim! Did you check this poster?
Jim: Of course! How about going to this festival together?
Mai: That's a good idea. Which events do you want to see?
Jim: I'm a big fan of Takada Reika. So, I want to go to her concert first!
Mai: OK. Let's meet in front of the main stage 20 minutes before the concert starts. After that, let's have lunch at food stands.
Jim: Great! It says that we can eat different kinds of food.
Mai: Jim, I decided to join the karaoke contest! I will sing Ami's song.
Jim: Really? I'm looking forward to it! Have you called the information desk yet?
Mai: Not yet! Thank you, I forgot.

（１） What time will Mai and Jim meet?

ア At 9:40 a.m.
イ At 10:40 a.m.
ウ At 12:40 p.m.
エ At 2:40 p.m.

（２） Where will Mai and Jim be to have lunch?

ア They will be at the entrance of Midori Park.
イ They will be at the restaurant.
ウ They will be on the main stage.
エ They will be on the main street.

（３） What will Mai do to take part in the karaoke contest?

ア She will go to the information desk.
イ She will write a letter to Reika.
ウ She will call the information desk.
エ She will send an e-mail to Ami.

6 次の絵を説明する英文を２文で書きなさい。ただし，それぞれ指定された語を含め，5語以上で書くこと。

（１） Tom ＿＿＿＿＿＿＿＿＿＿＿＿＿＿＿＿＿＿＿＿＿＿＿＿＿＿＿＿＿＿.

（２） Lucy ＿＿＿＿＿＿＿＿＿＿＿＿＿＿＿＿＿＿＿＿＿＿＿＿＿＿＿＿＿＿.

これから英語のリスニングテストを行います。

25ページを見なさい。**1**から**3**まで，全部で３つあります。

英文はすべて２度ずつ読まれます。放送を聞きながら，問題用紙の余白にメモをとってもかまいません。

答えはすべて解答用紙に書きなさい。では，**1**のテストから始めます。

1 英語を聞いて，その内容に合う絵を選ぶ問題です。これから短い英語の対話文を２度くりかえして読みます。その内容に合う絵を１～３の中から１つ選び，番号で答えなさい。

No. 1　A（女）：　Now, let's go on a picnic.

　　　　B（男）：　I think we can't.　It is raining.　（２秒）

くり返します。

（くり返し）　（５秒）

No. 2　A（女）：　Hey, you must not eat here.

　　　　B（男）：　Oh, I'm sorry.　I will leave.　（２秒）

くり返します。

（くり返し）　（５秒）

No. 3　A（男）：　Look at this picture.　My father bought me this cat!

　　　　B（女）：　Really?　I want to meet your cat!　（２秒）

くり返します。

（くり返し）　（５秒）

No. 4　A（女）：　Bob, whose bag is that?

　　　　B（男）：　There are many bags.　Which one?

　　　　A（女）：　That big one.

　　　　B（男）：　Are you talking about that black one?　It's mine.　（２秒）

くり返します。

（くり返し）　（５秒）

2 イラストを参考にしながら英語を聞き，最も適切な応答を選ぶ問題です。これから，短い英語の対話とそれに続く応答を２度くりかえして読みます。対話の最後の文に対する応答として最も適切なものを１～３の中から１つ選び，番号で答えなさい。

No. 1　A（男）：　Excuse me.　Could you tell me how to get to Hikari Stadium?
　　　B（女）：　Sure.　But it is a little far from here.
　　　A（男）：　How can I get there?
　　　B（女）　1　Taking the bus is better.
　　　　　　　　2　About twenty minutes.
　　　　　　　　3　There are five stations around here.　（２秒）
くり返します。　（くり返し）　（８秒）

No. 2　A（女）：　May I help you?
　　　B（男）：　I'm looking for a blue shirt.
　　　A（女）：　How about this one?　It is only 500 yen now.
　　　B（男）　1　Can I try it on?
　　　　　　　　2　How much is it?
　　　　　　　　3　Because it is too big for me.　（２秒）
くり返します。　（くり返し）　（８秒）

No. 3　A（女）：　Hi, John.
　　　B（男）：　Oh, hi, Mika.　You look so sad.　What happened?
　　　A（女）：　My bird became sick.
　　　B（男）　1　How wonderful!
　　　　　　　　2　I have two dogs and one cat.
　　　　　　　　3　Oh, that's too bad.　（２秒）
くり返します。　（くり返し）　（８秒）

No. 4　A（男）：　Hi, Yumi.　How are you?
　　　B（女）：　Hello, Andy.　I'm fine.
　　　A（男）：　Yumi, if you have time, why don't we go to a movie?
　　　B（女）　1　What time did you go to the movie?
　　　　　　　　2　Sorry, but I have to stay home this afternoon.
　　　　　　　　3　Yes, I have watched that movie once.　（２秒）
くり返します。　（くり返し）　（８秒）

3 英語を聞いて答えを選ぶ問題です。これからまとまった内容の英文と，その内容に関する英語の質問を２度くりかえして読みます。質問の答えとして最も適切なものを１～３の中から１つ選び，番号で答えなさい。

Hello, I am Tanaka Kyoko. Today, I want to talk about my friend, Mary. She is a junior high school student from Australia. She lives with my family and me now. Mary and I have breakfast and go to school together from Monday to Friday. We are good friends.

She has been in Japan for 2 years. At first, she couldn't speak or understand Japanese well. She couldn't understand what to do in the class at all. Our classmates and I always helped her when she studied Japanese. I often taught her Japanese with a Japanese textbook for children, but it was very hard for her to read the book. We had to think about another plan.

Last year, Mr. Suzuki, our English teacher, handed us a Japanese comic book. He said, "How about using this as a textbook?" It is very famous and loved by many people all over the world. Mary said, "I like it very much!" She was glad to get it and started to read it soon. Finally, after only a month, she finished reading 20 Japanese comic books. Now, she can use many difficult Japanese words! I'm proud of her.

Studying new things is difficult, but if you can find a good way for you, maybe you can enjoy that. I love dramas, so I am studying English with dramas in English now. Mary sometimes watches them with me and teaches me some English words. It is hard, but an interesting time!

Question No. 1　How long has Mary been in Japan?　（４秒）

Question No. 2　Who is Mr. Suzuki?　（４秒）

Question No. 3　How did Mary start to study Japanese last year?　（４秒）

Question No. 4　How is Kyoko studying English now?　（４秒）

くり返します。　　　（くり返し）

これでリスニングテストを終わります。**4** の問題に進みなさい。

問二　次の1～5の□の部分は、ア～エのどの部分にかかっていますか。一つずつ選び、記号で答えなさい。

(例) おそらく アあそこに イいるのは ウ彼の エ兄だろう。　→答え【エ】

1　毎年　ア夏が　来ると　かつて　イ見た　夜空に　光る　ウ花火を　エ思い出す。

2　絶対に　あきらめないと　ア心の　中で　イ決意したのを　ウ忘れては　エいけない。

3　学校の　横を　ア通ると　校舎の　イ四階から　ウ聞こえる、あの　エきれいな　歌声が。

4　あなたこそ　ア主役を　やるのに　イふさわしい　ウ人物だと　私は　エ思う。

5　もしも　生徒会長に　アなったら　学校の　イために　どんな　ウことを　エしよう。

問九　～～～線ⓐ・ⓓ・ⓔのカタカナは漢字に、ⓑ・ⓒの漢字はひらがなに直しなさい。

ⓐ　ケンキュウ　　ⓑ　情（けない）　　ⓒ　前提

ⓓ　カチ　　ⓔ　キソク

三　次の各問いに答えなさい。

問一　次の1～5のカタカナを漢字に直したとき、――線部にあたる漢字を含む二字熟語を一つ作って答えなさい。ただし、その文で使われている語以外を答えること。

（例）政治にカンシンを持つ。　→答え【関係】・【機関】など

1　初心者をタイショウにした講習会を行う。

2　あの二人はとてもタイショウ的な性格だ。

3　左右タイショウの美しい形をしている。

4　成長のカテイを写真にとって記録する。

5　津波（つなみ）が起こるとカテイして対策を考える。

問八　あなたは花子さんから悩み相談を受けました。次の図は、花子さんとあなたとのメッセージのやりとりを表したものです。花子さんの相談に対して、あなたはどう答えますか。Aは本文中の内容をふまえて二十字以内で、Bはあなたの考えを書きなさい。なお、メッセージ上の《本文》は、この問題の本文のことを表しています。

花子さん

こんにちは。私には、いつも一緒に行動する仲良しグループがあります。でも最近はなんとなくグループの中で自分のキャラのとおりにふるまうことに疲れてしまいました。なぜ、こんなに疲れてしまうのでしょうか？

あなた

こんにちは。つらい思いをしているんですね…。≪本文≫を読むと、「キャラ」についてくわしく書いてあるから参考になりますよ。≪本文≫によると、キャラは空気が決めるので、［　A　］。だから、「キャラ疲れ」を起こしてしまうみたいですね。

花子さん

そっか、私は「キャラ疲れ」していたんですね。でも、どうやってこの状態から抜け出したら良いでしょうか？

あなた

［　B　］

花子さん

明日からやってみます！　ありがとうございました。

問五　本文からは次の一文がぬけています。もとにもどす場所として最も適切なものを、本文中の【　ア　】～【　エ　】の中から一つ選び、記号で答えなさい。

つまり、キャラはコミュニケーションツールであると同時に、コミュ力の産物でもあるんですね。

問六　――線④「いじ『め』よりいじ『り』は一〇〇倍おそろしい」とありますが、それはなぜですか。解答欄の言い方にあうように、本文の言葉を用いて四十五字以内で説明しなさい。

問七　本文の内容にあっているものを次の中から一つ選び、記号で答えなさい。

ア　人はその場の空気に支配されやすいが、一人ひとりの個性的な「キャラ」によって空気に支配されずにいることができる。

イ　キャラがお互いに分かっていればコミュニケーションがとりやすくなるため、キャラ文化は国際的に広まっていくべきだ。

ウ　スクールカーストの中でおこなわれる「いじり」は、空気の支配によって生まれるものなので、仕方がないことだ。

エ　キャラ文化というものは、お笑い芸人が自分のキャラを立てて笑いを取るという方法を再現したものである。

問一　――線①「共同責任は無責任」とはどういうことですか。次のように説明したとき、[a]、[b]にあてはまる言葉を、aは十六字、bは十四字で本文中からぬき出して答えなさい。

[a]ことによって、[b]ということ。

問二　――線②「国際化がますます進んでいくなかではこうしたタイプのコミュ力だけではやっていけません」とありますが、それではどのようなコミュニケーション能力が必要なのですか。本文中から三十字前後で探し、はじめと終わりの五字をぬき出しなさい。

問三　――線③「スクールカースト」の特徴として、**あてはまらないもの**を次の中から一つ選び、記号で答えなさい。

ア　スクールカーストは上意下達がしやすく、上位の人の発言が決定事項になる。
イ　明文化されたルールはないが、なんとなく逆らえない空気に支配されてしまう。
ウ　スクールカーストを解体するには、距離を置いてお互いに思いやりをもつ必要がある。
エ　カースト内では「いじり」と呼ばれるいじめが発生する可能性がある。

問四　[　]に入る語として、最も適切なものを次の中から一つ選び、記号で答えなさい。

ア　恐ろしげな　　イ　いい加減な　　ウ　不注意な　　エ　消極的な

何を決定しても、誰からも異論は出ません。それが決まりだからです。逆にカースト下位の人は自分から発言を控えます。これはいわば「プチ注ヘ全体主義」です。注ト明文化されたルールもなく独裁者もいない、しかしみんな自分の意図を抑え込んで、この曖昧な秩序に従わざるをえない。この危険な状態をもたらしたのも、コミュ力注チ偏重主義であり空気です。【　エ　】

実は、スクールカーストを解体するのはわりに簡単です。カーストの決定は席が隣りだったなど、物理的距離の近さがかなり重要なので、解体しようとするなら定期的に班替えや席替えをすればある程度予防できる。空気なんて、その程度の[　　　]ものです。空気は引っ搔き回さないとよどんで、腐っていく傾向がありますから、それを自覚した場合は積極的に声を上げて崩していってください。

カースト内で起こるいじめは「いじり」であるとよく言われています。『りはめより100倍恐ろしい』という小説を読んだ方はいますか？　これは高校生が携帯で書いた小説としてたいへん話題になりました。「りはめより」というのは④いじ「め」よりいじ「り」は一〇〇倍おそろしいという意味です。いじりは目に見えません。当事者が「これはいじりだから」と言ってしまえば、学校側も周りの人も「いじりだったら口をはさむのも注リ野暮なことだ」と手を出せなくなる。しかし、はっきり言っておきましょう、いじりはいじめです。芸人はいじられることでお金になりますが、みなさんはいじられても嫌な思いをするだけです。不快ないじりはいじめであると認識することが、間違ったコミュ力偏重を逃れるひとつのきっかけになると思います。

『続・中学生からの大学講義１　学ぶということ』所収
斎藤環「つながることと認められること」より

【一部表記の変更があります。】

注ヘ　全体の利益を優先させる考え方。
注ト　文章にしてあらわすこと。
注チ　ある方向だけにかたよった考え方。
注リ　わからずやで気がきかないこと。

人がどの空間にいてもその人であり続けるための記号のこと。キャラの面白いところはその決まり方です。

キャラは空気が決めるのです。「いじられキャラ」とか「注ニ毒舌キャラ」とかなんとなく割り振られていく。だから、キャラはその人自身の特徴をあらわしてもいるけれど、一〇〇パーセント一致もしないという、ふしぎな記号です。キャラ決めには「キャラはかぶってはいけない」「急なキャラチェンジは危険」だとか細かいルールがいくつかありますから、そうしたⓔキゾクゆえに、その人の性格と離れていくこともあります。本来の性格にふさわしくないキャラを割り振られた人は、しばしば「キャラ疲れ」を起こすといいます。

キャラ文化がこれだけ普及しているのは、もちろんメリットがあるからです。キャラがわかっているとコミュニケーションがしやすく絡みやすい、しかも、お互いのキャラをいじりあっているだけで、コミュニケーションを延々と続けられます。【　ウ　】最近は「日常系」というジャンルの漫画があります。有名なのは『けいおん!』です。高校の軽音楽部に所属する女の子たちが、お互いのキャラいじりを延々と続けるだけの日常が描かれています。こうした空間はまったりとして非常に居心地がいいものですが、現実には不本意なキャラを決定されてしまった場合は「キャラ疲れ」ということが起きるかもしれません。

「キャラ」に関連した大きな問題もあります。③スクールカーストです。経験したことがある人もない人もいるかと思いますが、スクールカーストとは教室内身分制のこと。昔から学校のクラスはいくつかの仲良しグループに分かれるものでしたが、いまはそれが上位グループから下位グループまで序列化される現象が起きています。カースト間の身分差は、一年間は固定され、カースト内の関係は流動的です。

なぜスクールカーストが便利かというと、注ホ上意下達の仕組みを運営しやすいからでしょう。カースト上位の生徒が発言すれば、それは逆らえない空気を生み出して、クラスの決定事項になる。

注ニ　わざといじわるなことを言うこと。

注ホ　上に立つ人が下の人に考えや命令を伝えること。

せたからだと山本七平さんが『「空気」のⓐケンキュウ』という本の中で論じています。たいへんⓑ情けない話ですね。この〝空気の支配〟はおそらくみなさんのクラスや職場のなかにまだ残っています。誰かが主体的に決定するのでなく、その場の流れや勢いで決めてしまうことがありませんか？　ときにはこの空気の支配が良い方向に行くときもありますが、基本的には好ましいことではありません。誰もその決断に責任が取れないからです。お神輿をイメージするとわかりやすい。誰がお神輿を担いでいるかわからなくても、あるいは一人ぐらいは神輿にぶらさがっていても、神輿じたいは進んでいきますよね。「①共同責任は無責任」ということです。

　残念ながら、コミュ力注イ至上主義の下では空気に注ロ翻弄されやすい。というのも、われわれ日本人のいう「コミュ力」なるものが欧米でいうコミュニケーションスキルとはまったく別ものだからです。欧米でいうコミュニケーションスキルとは、ディベート能力や感情的にならずに論理的に相手を説得する能力のことを指しますが、日本でいうコミュ力は、空気を読む能力、人をいじる能力、笑いをとる能力のことです。

　思春期・青年期のコミュ力のロールモデル（模範にする人物）はお笑い芸人だと思います。芸人はキャラを立てて、笑いを取りに行って、人をいじって、空気を読む。この作法をわれわれはテレビから学び、それを教室空間で再現しているのです。【　ア　】ひとつのモードとしてなら笑いを取るコミュ力があってもいいと思いますが、そのモードのみになると危険です。②国際化がますます進んでいくなかではこうしたタイプのコミュ力だけではやっていけません。日本のコミュ力はその場の空気が共有されるⓒ前提がないと役に立たないので、コミュ力の真のⓓカチを正確に理解して、モードを切り替える力を身に付けてください。

　次に「キャラ」という重要な注ハ概念についてお話ししましょう。学校空間におけるキャラの使い方は、お笑い芸人が自分の芸風を差別化して目立たせるための「キャラを立てる」といったことがモデルになっています。【　イ　】キャラとはその人の同一性を示す記号です。言い換えれば、その

注イ　あることがらを最上のものとする考え方。
注ロ　思うままに振り回すこと。
注ハ　考え方。

ウ　みんな、それぞれの道を全力で生きてるだけのこと

エ　卓球をやめた剣の分まで頑張ってくれたらうれしい

問七　――線⑥「こめかみのあたりがジンジン熱くなってきて、わたしは指で押さえた」とありますが、このときの「わたし」の気持ちとして最も適切なものを、次の中から一つ選び、記号で答えなさい。

ア　亜李寿が長時間の練習によって痛めた手首を隠し、それでも試合に勝利したと知り、自分と亜李寿との間に埋められない大きな差があると気づいた。

イ　亜李寿が長時間練習をし、今日も手首の負傷を言わずに試合をしていたと知り、自分が言い訳ばかりで逃げていたことに気づいた。

ウ　亜李寿が長時間練習をして、手首を痛めても卓球を続けていると知り、卓球が好きでなくなった自分より部長にふさわしい人物だと気づいた。

エ　亜李寿が長時間の練習で手首を痛めるほど、ジュニア期待の星と言われても満足せず努力していると知り、自分にはまねできないと気づいた。

二

次の文章を読んで、あとの問いに答えなさい。

日本では昔から、大事なことを決めるのは「人」ではなく「空気」だと言われます。誰が見ても合理的ではないことが「その場の空気がそうだったから仕方がない」と決定される。有名な例だと第二次大戦の戦艦大和がそうです。あきらかに無謀な作戦で出撃したのは「会議の空気」がそうさ

ア　A　やはり　　B　でも
イ　A　じわじわ　B　しかも
ウ　A　意外と　　B　つまり
エ　A　ぐんぐん　B　だから

問三　――線②「でも、戦略的なことより何より、姿勢かな」とありますが、宮本先生はどんな姿勢が大切だと考えていますか。解答欄の言い方にあうように十字以内で答えなさい。

問四　――線③「えっ……ええっと」とありますが、この時の「わたし」の様子を、「体育館」という語を用いて四十五字以内で答えなさい。

問五　――線④「壁も高くなってくる」とはどういうことですか。最も適切なものを、次の中から一つ選び、記号で答えなさい。
ア　日々の練習がただひたすらつらいだけのものになるということ。
イ　後輩への指導にも時間を使わなくてはならなくなるということ。
ウ　仲の良かったメンバーたちがみなライバルの関係になるということ。
エ　より高いレベルの技術や精神力が求められるようになるということ。

問六　⑤に入る表現として最も適切なものを、次の中から一つ選び、記号で答えなさい。
ア　あなたはみんなの期待の星だってことを忘れないで
イ　一つのことを続けていれば、見えてくるものがある

宮本先生は続ける。

『好き』じゃなかったら、やってられないよね。亜李寿は、試合のない日曜はここで、朝八時から夜十時まで、休憩挟んでも十時間は練習してる」

「十時間……」

「それじゃ手首の腱鞘炎も治らないのにね」

「えっ、亜李寿って腱鞘炎なの？」

亜李寿はドリンクをごくごく飲んでいて答えない。⑥こめかみのあたりがジンジン熱くなってきて、わたしは指で押さえた。まるきりわかってなかった。自分だけが犠牲になっていると思っていた。

吉野万理子『部長会議はじまります』より

【一部表記の変更があります。】

問一　――線①「自分でも、自分がどんなプレーをする選手か、よくわかっていない」とありますが、この後の出来事によって、「わたし」は自分がどんなプレーをする選手だと感じていますか。次のように説明したとき、［ａ］、［ｂ］に入る適切な表現を、ａは二十字、ｂは三字で本文中からぬき出して答えなさい。

［ａ］だけの［ｂ］な選手。

問二　［Ａ］・［Ｂ］に入る言葉の組み合わせとして最も適切なものを、次の中から一つ選び、記号で答えなさい。

「上達するにつれて、④壁も高くなってくるし、楽しい楽しいって、キャッキャ言ってられない気持ちもわかる。でもね、やっぱり根底に『楽しい』とか『好き』がなかったら、何かを続ける意味はないと思うんだよね」

「は……」

「たとえばカレ氏がわがままで腹が立つ。でも、根底に『好き』があるから、なんとかやっていこうと思う。それがなくなったら、別れるしかない」

わかりやすく例えてくれたみたいだけれど、カレ氏ができたことは一度もないので、正直かえって難しい。

「卓球が苦しいだけなら、やめちゃえばいいんだよ。亜李寿にも言ってる。ジュニア期待の星って言われて、もうつらくてつらくてどうしようもなくなったら、別にやめちゃえばいいの」

え、そうなのかなぁ。頭が混乱して、すぐには返事できない。

「うちの息子のこと知ってる？」

「あ……はい、少し」

「卓球をやめたこと、周りに誤解されてるんだよね。膝を手術して卓球ができなくなったから、やめたんじゃない。剣は、卓球を楽しめなくなったからやめるの。そして最近、もっと他に楽しいことが見つかりそうで、それはとてもいいことだと思ってる」

「あ、はい……」

「だから、亜李寿にも遠慮しないで、って言ってるの。剣が卓球やめたから、自分もここに通いづらくなるとか、言わないで、ってね。［　⑤　］」

部屋の隅の冷蔵庫を亜李寿が開けて、ペットボトルを取りだしている。一本、わたしに投げてくれた。

「小寺さん、惜しいね。いろいろと」

「惜しい」っていう言葉。

もちろん、ほめられていない。　B　自分としては意外だった。「お話にならないね」というくらい、ダメ出しされると思っていたから。

宮本先生はこっちをまっすぐに、にらみつける。いや、もともと目ヂカラが強いだけで、怒ってるわけではないのだ、ということに気がついた。

「まず戦略的なことを言うとねえ」

「はい」

「亜李寿に攻撃させないようにするのはいいんだけど、防御一辺倒で相手のミス待ちだと厳しい。自分がチャンスを作って、隙があれば攻める。そのためには、相手のリズムを狂わせる。遅い球と速い球をまぜたりね」

そうか。わたしって受け身なんだ。相手のボールを返すことばかり、いつも考えてきた。相手が勝手にミスしてくれるのを待っている。

「②でも、戦略的なことより何より、姿勢かな」

え、と思って、わたしは背筋をぴっと伸ばした。

「あ、そっちの姿勢じゃなくてね。卓球に向かう姿勢。楽しんでないよね？　卓球が難行苦行になってない？」

「③えっ……ええっと」

小学生のとき、卓球部に入って、ボールの音がコツコツ鳴るのが楽しかった。中学でも続けることにして、入部してわくわくして……。

今は、体育館に行くとき、いつもおへその上がちょこっと痛い。

そう言われて、わたしはうつむいた。①自分でも、自分がどんなプレーをする選手か、よくわかっていない。

ボールに強い上回転をかける「ドライブ」は好きだけれど、それが決め球というほどでもないし。

学校ではここ一年、亜李寿と練習試合をやったことはなかった。表向きは、下級生の面倒を見なきゃいけないからだけれど、本当は違う。みんなの前で亜李寿にボロボロに負けたら、部長なのに恥ずかしいから。

なのに、亜李寿はやる気まんまんだ。ラケットの柄をタオルでていねいに拭いて、そして卓球台の向こう側でかまえている。

ラブゲームだけは避けなくちゃ。1点も取れずに0点のまま終わってしまうことをラブゲームというのだ。

試合が始まった。わたしからサーブする。

亜李寿のスマッシュは強烈で、少しでも球が浮くと打ち込まれる。だから、球を低く左右に散らして、攻撃態勢に入れないようにした。

よし、バック側のライン際に、球を落とすことができた。回り込んで亜李寿は強引に打とうとしたけれど、球はネットを越えなかった。

「あー、しまった!」

亜李寿が大きな声を出す。先にわたしがポイントを取れた!

でもそこからは A 亜李寿が力を発揮して、すぐに逆転された。

結局、11—4で終了した。

ラブゲームじゃなくてよかった……。そう思っていると、宮本先生が自分のラケットを振って、顔に風を送りながら言った。

二〇二二年度 東京家政大学附属女子中学校

【国　語】〈第二回入試〉（四五分）〈満点：一〇〇点〉

〈注意〉・字数制限のあるものは、句読点、記号を含みます。

一 次の文章を読んで、あとの問いに答えなさい。

> わたし（小寺優）は卓球部部長で、亜李寿は同じ卓球部のメンバーです。二人は、亜李寿の卓球の指導者で、彼女のおばでもある宮本先生の練習場に来ています。

「さっそく練習しよっか」

「はい」

まるまる一室、卓球専用の部屋があった。台が中央に置かれている。

「専用の卓球室があるって、すごい」

そこで着替えさせてもらって、バッグを隅の椅子に置いた。準備運動をしてから、わたしはラケットを取りだし、亜李寿を相手に打ち合った。

宮本先生は腕組みしながら見ている。人のせいにしてはいけないけど、その厳しい目つきのせいで、わたしの肩には無駄な力が入ってしまう。

「小寺さんがどういうプレーをする選手か知らないからねえ。亜李寿と小寺さんで、試合形式にしてみようか。とりあえず１ゲーム」

2022年度
東京家政大学附属女子中学校 ▶解説と解答

算　数 ＜第２回入試＞（50分）＜満点：100点＞

解　答

[1] ① 100　② 9800　③ 11.5　④ 6　⑤ 0　⑥ $1\frac{1}{3}$　[2] ① 360　② 15通り　③ 2300円　④ 毎秒16m　[3] ① 27歳　② 7試合　③ 18分　④ 24cm　[4] ① 54度　② 48.56cm　③ 6 cm　④ 182cm^3　[5] ① A 3勝0負1引分　E 0勝3負1引分　② 0勝1負3引分

解　説

[1] 四則計算，計算のくふう

① $54\div6+13\times7=9+91=100$

② $49\times132+68\times49=49\times(132+68)=49\times200=9800$

③ $4.5+3.5\times2.4-1.4=4.5+8.4-1.4=12.9-1.4=11.5$

④ $4\frac{9}{10}\div2\frac{5}{8}-\frac{1}{15}+2\frac{1}{3}\times1\frac{4}{5}=\frac{49}{10}\times\frac{8}{21}-\frac{1}{15}+\frac{7}{3}\times\frac{9}{5}=\frac{28}{15}-\frac{1}{15}+\frac{63}{15}=\frac{90}{15}=6$

⑤ $\frac{3}{5}\div0.72+\frac{1}{6}-0.75\times\frac{4}{5}\div0.6=\frac{3}{5}\times\frac{25}{18}+\frac{1}{6}-\frac{3}{4}\times\frac{4}{5}\times\frac{5}{3}=\frac{5}{6}+\frac{1}{6}-1=1-1=0$

⑥ $2\frac{2}{3}\times\left(1\frac{1}{6}-\frac{5}{8}\right)\div1\frac{6}{7}+\frac{5}{9}=\frac{8}{3}\times\left(\frac{28}{24}-\frac{15}{24}\right)\div\frac{13}{7}+\frac{5}{9}=\frac{8}{3}\times\frac{13}{24}\times\frac{7}{13}+\frac{5}{9}=\frac{7}{9}+\frac{5}{9}=\frac{12}{9}=\frac{4}{3}=1\frac{1}{3}$

[2] 約数と倍数，場合の数，売買損益，通過算

① 72と90の最小公倍数は，右の図１の計算より，$2\times3\times3\times4\times5=360$である。

図１

```
2) 72  90
3) 36  45
3) 12  15
    4   5
```

② 6色の折り紙をそれぞれA，B，C，D，E，Fとすると，この中から２枚を選ぶときの色の選び方は，(A，B)，(A，C)，(A，D)，(A，E)，(A，F)，(B，C)，(B，D)，(B，E)，(B，F)，(C，D)，(C，E)，(C，F)，(D，E)，(D，F)，(E，F)の15通りである。

③ この品物の消費税を抜いた値段を□円とすると，10％の消費税を加えた代金が2530円だから，□×(1＋0.1)＝2530より，□＝2530÷1.1＝2300となる。よって，消費税を抜いた値段は2300円である。

④ 右の図２より，電車がトンネルに入り始めてから，完全に出終わるまでに進む距離は，(電車の長さ)＋(トンネルの長さ)だから，この電車は，180＋700＝880(m)進むのに55秒かかったことになる。よって，この電車の速さは毎秒，880÷55＝16(m)である。

図２

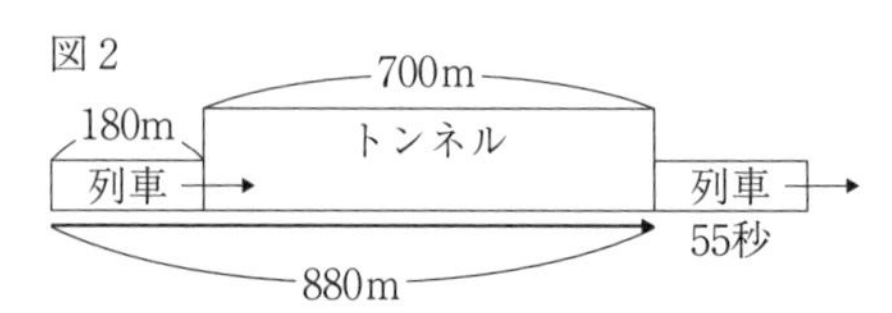

3 **年齢算，平均とのべ，仕事算，グラフ，速さ**

① 現在のあきこさんの年齢とお母さんの年齢の和は78歳で，今から15年前の２人の年齢の和は，$78-15\times2=48$(歳)である。今から15年前のお母さんの年齢は，当時のあきこさんの年齢の３倍だったので，48歳はあきこさんの年齢の，$1+3=4$(倍)にあたる。よって，15年前のあきこさんの年齢は，$48\div4=12$(歳)だから，現在，あきこさんは，$12+15=27$(歳)である。

② 準決勝までの試合数を□試合とすると，右の図のようになる。このとき，アの面積とイの面積が等しいから，$(5-4.5)\times$□$=(8-5)\times1$が成り立ち，□$=3\div0.5=6$(試合)になる。よって，この大会で，みうさんのチームは全部で，$6+1=7$(試合)したとわかる。

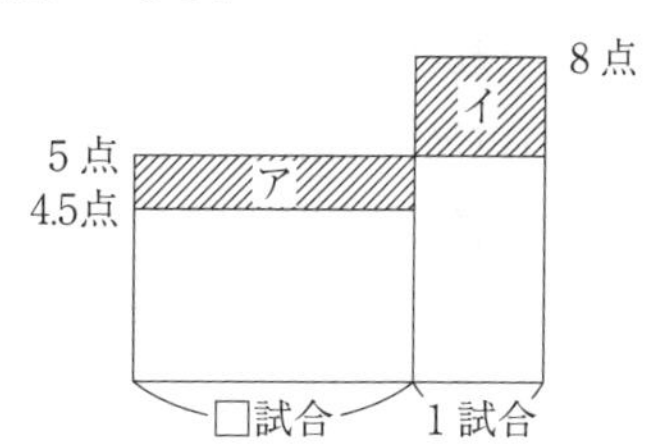

③ 水そうを満水にしたときの水の量を１とする。１分間に入れる水の量は，管Aが，$1\div36=\frac{1}{36}$，管Bが，$1\div24=\frac{1}{24}$で，管Aと管Bの両方を使うと，$\frac{1}{36}+\frac{1}{24}=\frac{5}{72}$になる。さきに管Aだけを６分間使うと，$\frac{1}{36}\times6=\frac{1}{6}$の水が入り，その後，管Aと管Bの両方を使って水を入れると，$\left(1-\frac{1}{6}\right)\div\frac{5}{72}=12$(分間)で満水になる。よって，満水にするのに管Aだけを使い始めてから全部で，$6+12=18$(分)かかるとわかる。

④ 問題文中のグラフより，ろうそくAは７分間に，$44-30=14$(cm)燃えたので，１分間に，$14\div7=2$(cm)ずつ燃えることがわかる。ろうそくAが30cmの長さから燃えつきるまで，$30\div2=15$(分)かかるので，ろうそくBも燃えつきるまで15分間かかることになる。よって，ろうそくBの火をつける前の長さは，$1.6\times15=24$(cm)である。

4 **角度，図形の移動，長さ，展開図，体積**

① 下の図１のように，正五角形の頂点をA，Bとする。辺OA，OBは円の半径で，長さが等しいので，三角形OABは二等辺三角形になる。よって，角OABと角OBAの角の大きさが等しく，角BOAは，$360\div5=72$(度)だから，角xは，$(180-72)\div2=54$(度)となる。

図１

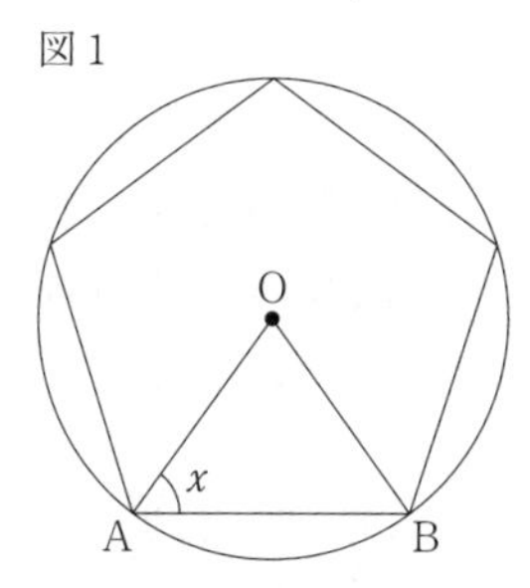

図２

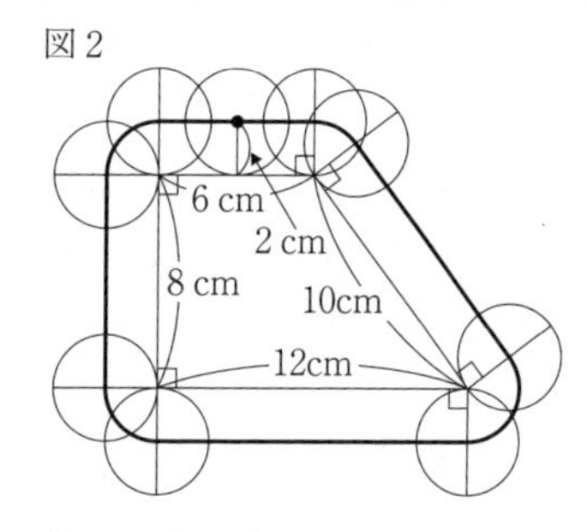

② 半径２cmの円が台形の周の外側をすべることなく転がって１周するとき，円の中心が動いたあとの線は，上の図２のような太線になる。これは6 cm，8 cm，12cm，10cmの直線と，４個のおうぎ形の弧からできている。ここで，四角形の内角の和は360度なので，４個のおうぎ形の中心角の和は，$360\times4-(360+90\times8)=360$(度)となるから，４個のおうぎ形の弧を合わせると半径２cmの円周１個分になる。よって，円の中心の動いたあとの線の長さは，$6+8+12+10+2\times2\times3.14=48.56$(cm)である。

③ 三角形ABDは底辺の長さが８cmで高さが14cmだから，その面積は，$8\times14\div2=56$(cm^2)

になる。そこで，問題文の図における◯の部分の面積が32cm²のとき，三角形AEDの面積は，56－32＝24(cm²)になる。よって，(三角形の高さ)＝(三角形の面積)×２÷(三角形の底辺)より，AEの長さは，24×２÷８＝６(cm)である。

④　下の図３のように，四角柱の展開図の各頂点をＡ～Ｉとする。この展開図を組み立てると，下の図４の見取り図のような四角柱になり，図３の点Ｄと点Ｇ，点Ａと点Ｈ，点Ｂと点Ｉが，図４ではそれぞれ重なることになる。そこで，図３の辺ABと辺EFの長さが等しく，辺AFが15cm，辺BEが７cmだから，辺ABは，(15－７)÷２＝４(cm)である。また，辺ABと辺HIが重なり，その長さが４cmだから，辺GHは，９－４＝５(cm)になり，辺DAも５cmになる。すると，この立体は，底面は上底が５cm，下底が８cm，高さが４cmの台形で，高さが７cmの四角柱になっていることがわかる。よって，体積は，(５＋８)×４÷２×７＝182(cm³)である。

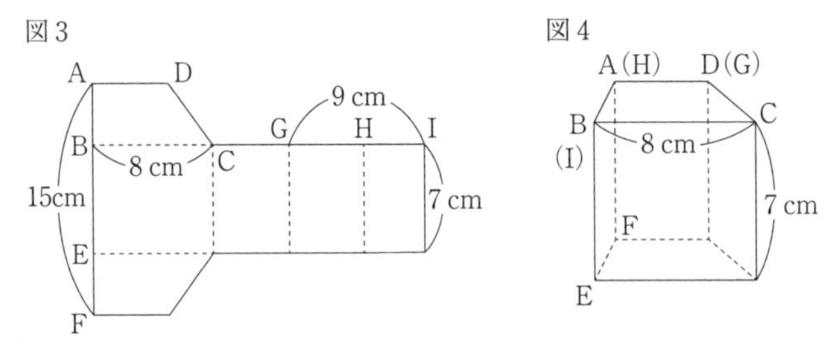

5 推理

①　１回ずつ試合を行うと，勝ったときは３点，引き分けのときは１点の勝ち点がそれぞれもらえ，負けたときは勝ち点はもらえないから，４試合で，Ａチームの勝ち点が10点になるためには，３×３＋１×１＝10(点)より，Ａチームは３勝０敗１引き分けとなる。同様に，Ｅチームの勝ち点が１点になるためには，３×０＋１×１＝１(点)より，Ｅチームは０勝３敗１引き分けとなる。

②　各チームが４試合ずつ行い，Ａチームは３勝０敗１引き分け，Ｂチームは３勝１敗０引き分け，Ｅチームは０勝３敗１引き分けで，Ｃチームは勝ち点が４点で，少なくとも１試合は負けているから，３×１＋１×１＝４(点)より，１勝２敗１引き分けとなる。ここで，ＡチームとＣチームとＥチームの３チームが１試合ずつ引き分けているので，Ｄチームは少なくとも１試合は引き分けになる。Ｄチームの勝ち点は３点だから，引き分けた１試合分を除(のぞ)いた勝ち点は，３－１＝２(点)となり，あと２試合を引き分けて，Ｄチームは，１＋２＝３(試合)を引き分けたことになる。よって，勝敗表は下の図のようになり，Ｄチームは０勝１敗３引き分けになる。

	A	B	C	D	E	勝ち点	
A		○	○	△	○	10	3勝0敗1引き分け
B	×		○	○	○	9	3勝1敗0引き分け
C	×	×		△	○	4	1勝2敗1引き分け
D	△	×	△		△	3	0勝1敗3引き分け
E	×	×	×	△		1	0勝3敗1引き分け

社　会　＜第２回入試＞（理科と合わせて45分）＜満点：50点＞

解　答

[1] 問１　イ　問２　0.75(km)　問３　尾名川　問４　ウ　問５　福島(県)　[2] 問１　太平洋ベルト　問２　エ　問３　(例)　高いところから流れているため流れが急で，川の長さが短い。　問４　エ→イ→ア　問５　ウ　[3] 問１　イ　問２　ア　問３　エ　問４　(例)　キリスト教の信者を見つけ出すため。　問５　文明開化　[4] 問１　渡来人　問２　エ　問３　X　御恩(ご恩)　Y　奉公　問４　ア　問５　イ　[5] 問１　エ　問２　三権分立　問３　ア　問４　(例)　若い世代の意見をもっと政治に反映させるため。　問５　ウ

解　説

[1] 地形図の読みとりについての問題

問１　Ｖの円の範囲の中には学校や交番の地図記号が見られるので，イは正しい。渡良瀬川は川岸の道路に表示された標高点から，地形図の北西から南東に流れているので，アはあやまりである。また，地形図中に北関東自動車道はなく，渡良瀬川の南には田や畑が広がっているので，ウとエもあやまりである。

問２　地形図の縮尺は２万５千分の１となっている。地形図上での３cmは実際の距離で，３(cm)×25000＝75000(cm)となる。何kmかを問われているので，それをkmにすると，0.75kmとなる。

問３　尾名川は，渡良瀬川よりも北側にあり，地形図の北東から流れ出て，東に向かって田や畑の間を流れている。

問４　地形図上のＹの位置にある⌂は，老人ホームの地図記号である。🏛がアの美術館の地図記号，☼がイの工場の地図記号，◎がエの市役所の地図記号である。

問５　栃木県は，茨城県，群馬県，埼玉県，福島県の４県と接している。福島県は東北地方の県であり，栃木県および残りの３県は関東地方に属する県である。したがって，栃木県と異なる地方に属している県は福島県である。

[2] 日本の地形や気候，産業表についての問題

問１　関東南部から九州北部の海ぞいに，京浜工業地帯や京葉工業地域，東海工業地域，中京工業地帯，阪神工業地帯，瀬戸内工業地域など，工業がさかんなところが連なっている。これをまとめて太平洋ベルトという。

問２　工業地帯，工業地域の中で，最も工業出荷額が多いのは中京工業地帯である(2018年)。次いで阪神工業地帯，関東内陸工業地域，瀬戸内工業地域の順となる。

問３　アフリカを流れるナイル川をはじめ，ヨーロッパや南アメリカなどを流れている川に比べ，日本の川は，高いところから流れはじめてすぐに平地から海へと流れ出てしまう。このため，世界の川と比べると，流れが急であり，長さは短い。

問４　地図中の３カ所の●は，西からそれぞれ，日本海に面した福井県，中央高地(内陸)の岐阜県，太平洋に面した東京都にある都市である。したがってそれぞれの都市の雨温図を西から順にならべると，北西の季節風の影響を受け，冬に降水量が多い日本海側の気候の特色を示しているエが福

井県の都市のもの，降水量が少なく１年の気温差が大きい中央高地の気候の特色を示しているイが岐阜の都市の雨温図，南東の季節の影響を受けて夏の降水量が多い太平洋側の気候の特色を示しているアが東京都の都市の雨温図である。なお，ウの雨温図は高温多雨の特色を示しており，南西諸島の雨温図である。

問５　東北地方の米の収穫量は，例年，全国の約４分の１ほどあり，「日本の米倉」，「日本の穀倉地帯」などとよばれる。2019年の地方別の米の収穫量も１位である。２位は関東地方，３位は北陸地方である。

3　歴史に関係のある人物や物の写真，絵についての問題

問１　旧石器時代には，人々はほら穴に住んでいたが，縄文時代になるとたて穴住居に住むようになった。写真Ａはそのたて穴住居を復元したものである。アの前方後円墳は古墳時代につくられた大王(天皇)や豪族の墓，ウの武家屋敷は鎌倉時代に始まった武士の住まいの建て方，エの書院造は室町時代に始まった建築様式で，今の和室のもとになっている。

問２　法隆寺を建てた聖徳太子は天皇中心の政治をめざした。能力のある者を役人にする冠位十二階を603年に，役人の心がまえを示した十七条の憲法を604年に定めた。また607年には遣隋使として小野妹子を隋(中国)に派遣した。アの大化の改新は聖徳太子の死後，645年の出来事である。

問３　平安時代には，菅原道真の意見により894年に遣唐使が廃止され，唐(中国)の影響を受けない日本独自の文化が発展した。これを国風文化という。紫式部の『源氏物語』，清少納言の『枕草子』など，かな文字を使った女性による文学作品が生まれた。エの金閣は室町時代の建物である。

問４　江戸幕府はキリスト教を禁止したが，ひそかにキリスト教の信仰を続ける者もいた。このようなかくれてキリスト教を信仰している者を見つけ出すために行われたのが，イエス・キリストやその母の聖母マリアが描かれた銅板などを踏ませる絵踏である。

問５　江戸時代が終わり明治時代になると，積極的にヨーロッパやアメリカ合衆国などの西洋の生活様式や文化，考え方などを取り入れるようになった。このような明治時代初期の社会の変化を文明開化という。

4　歴史年表を題材とした問題

問１　５世紀～６世紀ごろ，大陸から日本に移り住んだ人々を渡来人という。渡来人によって漢字や仏教，儒教が日本に伝わった。また，養蚕，機織り，より薄手でじょうぶな陶磁器，土木技術などももたらされた。

問２　710年，元明天皇によって，現在の奈良県の平城京に都が移された。平城京は唐の都，長安をまねてつくられ，794年に桓武天皇によって京都の平安京に移るまで，日本の都であった。

問３　鎌倉幕府において，将軍(征夷大将軍)につかえる武士のことを御家人という。御家人は将軍に忠誠をつくし，幕府のために戦ったり働いたりする。このことを奉公という。この奉公に対して将軍は，それまでの土地の所有を認めたり，新たに領地を与えたりした。これを御恩という。将軍と御家人は，御恩と奉公の関係で成り立っていた。

問４　豊臣秀吉は，農民から確実に年貢を取り立てるために，土地の耕作権を認め，その土地の面積や土地のよしあし，取れ高(石高)を測量し，検地帳に記録した。これを太閤検地という。また，農民による一揆をふせぐため，秀吉は農民から武器をとりあげる刀狩令を出した。全国統一を果たした秀吉は，明(中国)を征服しようとして，まず朝鮮に出兵した。アの武家諸法度は江戸幕府によって出されたきまりである。

問５　太平洋戦争敗戦後の日本は連合国に占領され，GHQの指導のもと，政治，経済，教育などに関してさまざまな改革が行われた。イの不平等条約とは，江戸幕府がアメリカ合衆国などと結んだ修好通商条約のことで，これを改正したのは明治政府である。

5　日本の政治についての問題

問１　日本国憲法において定められている国民の義務は，勤労(働くこと)の義務，納税(税金を納めること)の義務，子どもに教育を受けさせる義務の３つである。エの政治に参加することについては，基本的人権の１つである参政権として認められているが，義務ではない。

問２　権力の集中をふせぎ，国民の自由や権利を守るために，政治に関する権力を３つに分けることを三権分立という。法律を作る権力である立法権を国会が，法律にもとづき実際に政治を行う権力である行政権を内閣が，裁判を行う権力である司法権を裁判所が，それぞれ持っている。

問３　法律を作ることができるのは国会だけであり，国の仕事であるので，イはあやまりである。市の財政には，住民からの税金だけではなく，国からの地方交付税交付金や国庫支出金などもあてられるので，ウはあやまりである。住民には知る権利があるので，エもあやまりである。

問４　資料Ａを見ると，高齢者の割合が高く，若い世代の人口が少ない。この状態では，高齢者向けの政策が優先される可能性がある。そこで，若い世代の意見を政治により反映させるために，選挙権の年齢が満20歳以上から満18歳以上に引き下げられた。

問５　2021年に北海道と東北地方にある縄文時代の遺跡が，「北海道・北東北の縄文遺跡群」として世界文化遺産に登録された。青森県の三内丸山遺跡をはじめとして，北海道や岩手県，秋田県にある17の遺跡が，遺跡群として登録された。

理　科　<第２回試験>（社会と合わせて45分）<満点：50点>

解　答

1　**問１**　表１と表３　**問２**　（例）　ふりこの長さが長くなると，１往復する時間が長くなること。　**問３**　1.1秒　**問４**　エ　**問５**　作用点　**問６**　エ　**問７**　20g　**問８**　イとエ　**2**　**問１**　（例）　64.5℃　**問２**　上　**問３**　上　**問４**　（例）　熱したことで金属の体積が大きくなったから。　**問５**　アとエ　**問６**　ア，ウ，エ　**3**　**問１**　ウ　**問２**　気管　**問３**　（例）　酸素と二酸化炭素を効率よく交換するため。　**問４**　青むらさき色　**問５**　ア　**問６**　ア　**問７**　血液　**4**　**問１**　地層　**問２**　エ　**問３**　化石　**問４**　ア　**問５**　溶岩　**問６**　イ

解　説

1　ふりこやてこのしくみについての問題

問１　ふりこが１往復する時間と，ふりこのふれはばの関係を調べるためには，ふれはばの角度は異なっているが，ふりこの長さは同じ50cmで実験を行っている表１と表３を比べればよい。なお，表１と表３より，ふれはばの角度を変えても，１往復する時間は変わらないとわかる。

問２　表１と表２はどちらもふりこのふれはばの角度が30度になっているが，ふりこの長さが

50cmと30cmで異なっている。ふりこの長さが50cmの表１では，１往復の時間が1.4秒なのに対して，ふりこの長さが30cmの表２では，１往復の時間が1.1秒になっている。このことから，ふりこの長さが長いほどふりこが１往復する時間が長くなるといえる。

問３　問１，問２より，ふりこが１往復する時間はふりこの長さによって決まるので，このふりこが１往復する時間はふりこの長さが30cmの表２のときと同じ1.1秒になる。

問４　おもりの重さとふりこが１往復する時間の関係を調べるには，おもりの重さ以外のふりこの長さとふれはばを同じ条件にして実験すればよい。

問５　てこの３点のうち，Xのようにてこに加えた力がはたらいて仕事をする点のことを作用点という。

問６　てこでおもりを持ち上げるとき，できるだけ小さな力で持ち上げるためには，てこに力を加える力点と，てこの支点との長さをできるだけ長くし，作用点と支点との長さをできるだけ短くすればよい。

問７　(おもりの重さ)×(支点からおもりまでの距離)より求められるてこを回転させる力(モーメントという)を，左右で同じ大きさにするとてこはつりあう。よって，右のうで５番につるすおもりの重さを□gとすると，20×４＋10×２＝□×５となり，□＝(80＋20)÷５＝20(g)と求められる。

問８　てこを分類するには，てこの３点のうちどの点が真ん中になっているかをみればよい。てこに加えた力よりもはたらく力が小さくなるのは真ん中が力点のてこであり，ピンセットや和ばさみなどがこれにあたる。

２ 熱による体積変化についての問題

問１　温度計の目もりを読み取るときには視線を液面に対して水平にして，最小目もりの10分の１の値まで目分量で読み取る。問題文中の図２は，液面が64と65のおよそ中間にあるので，64.5℃などと読み取る。

問２　お湯の中であたためたとき，フラスコＡの中に入った空気はぼう張して体積が大きくなる。そのため，管に入った赤インクを上に押し上げる。

問３　フラスコＢの中に入っている水もあたためるとぼう張して体積が大きくなるので，空気の入ったフラスコＡをあたためたときと同じように，管の中の赤インクはぼう張した水によって上に押し上げられる。

問４　ちょうど金属の輪を通りぬけることのできる大きさの金属の球を加熱すると，金属の球はぼう張して体積が大きくなるため，それまで通りぬけることのできた輪を通りぬけることができなくなる。

問５　加熱によってぼう張した金属の球が再び金属の輪を通りぬけられるようにするためには，金属の球を冷やして体積を小さくするか，金属の輪を加熱して大きくすればよい。

問６　ア　夏の電線はあたためられてぼう張しているためにたるみが大きくなっている。　イ　線路のレールのつなぎ目は，冬になるとレールが収縮するので広くなっている。　ウ　ガラス瓶の金属のふたが開かないときは，あたためて金属のふたを大きくすると開くようになる。　エ　へこんだピンポン球をあたためると，中に入っている空気がぼう張するのでピンポン球の形が元に戻る。　オ　水が氷になると体積が約1.1倍にぼう張するので，製氷皿でできた氷はふくらんでいる。　カ　氷水にうかんだ氷は，氷が水を押しのけている体積と同じ量の水がこおったものなので，とけても水の高さは変わらずあふれることはない。

3 **人や動物の体のはたらきについての問題**

問１　人が吸いこむ空気にふくまれる酸素の体積の割合は，空気中の酸素の割合と同じおよそ20%である。

問２　吸いこんだ空気はまず，問題文中の図１のXの気管を通り，気管支(し)を経(へ)て肺ほうに送られる。

問３　肺が，数億個の肺ほうという小さなふくろ状のつくりの集まりになっていることによって，空気と肺がふれる表面積が大きくなり，一度に多くの酸素と二酸化炭素を交換できるようになる。

問４，問５　試験管Bには，水とすりつぶしたご飯つぶの上ずみ液が入っているだけで，だ液は入っていない。よって，ご飯つぶにふくまれるでんぷんは分解されないので，ヨウ素液を加えると，でんぷんと反応して青むらさき色に変化する。一方，だ液を加えた試験管Aでは色の変化が見られなかったことから，でんぷんがだ液のはたらきによって分解されたことがわかる。なお，ヨウ素液はでんぷんに反応し，でんぷん以外の物質には反応しないので，分解されたでんぷんが何に変化したかまではわからない。

問６　体の中で消化された養分は，小腸で体内に吸収される。

問７　小腸で吸収された養分は血液によって全身に運ばれる。

4 **大地のようすや変化についての問題**

問１　切りくずされたがけなどで見られる，大地のしま模様(もよう)の層を地層という。このしま模様の色のちがいは，積もっているものの大きさや種類，かたさなどによるものである。

問２　地層の中に火山灰(ばい)の層が見られる場合には，その地層が積もったときに火山のふん火が起こったことを示している。

問３　大昔の生物の死がいや生活のあとが，石になって残されたものを化石という。

問４　れき，砂，泥(どろ)の混合物を水の中に入れてしばらく時間をおくと，粒(つぶ)が大きく重いものから先に沈(しず)んでいき，一番下から順にれき，砂，泥が積もる。

問５　火山のふん火のときに地表に流れ出る液状のものは，高温で液体になった岩石である地下のマグマが地表に出たもので，溶岩という。

問６　大きな地震(じしん)が海底で発生すると，海底が上下に動くことで海水も上下に動き，このもり上がった海水が押し寄せておこる津波(つなみ)が発生することがある。

英語 <第１回入試>（30分）<満点：70点>

解答

1 No.１　3　No.２　1　No.３　3　No.４　3　**2** No.１　1　No.２　1　No.３　3　No.４　2　**3** No.１　1　No.２　3　No.３　1　No.４　2

4 (1)　ウ　(2)　イ　(3)　ウ　(4)　エ　(5)　エ　**5** (1)　イ　(2)　エ　(3)　ウ

6 (1)　Tom is running with his dog.［Tom wants something to drink.］［Tom wants to drink water.］　(2)　Lucy is playing［practicing］the guitar.

国　語　＜第２回入試＞（45分）＜満点：100点＞

解　答

一 問１　a　相手が勝手にミスしてくれるのを待っている　b　受け身　問２　ア　問３　（例）　楽しんで卓球をしよう（という姿勢。）　問４　（例）　昔は卓球を楽しめていたのに，今は体育館に行くのが嫌になっている自分に気づいて戸惑っている。　問５　エ　問６　ウ　問７　イ　二 問１　a　その場の流れや勢いで決めてしまう　b　誰もその決断に責任が取れない　問２　ディベート～得する能力　問３　ウ　問４　イ　問５　ウ　問６　（例）　当事者がいじりだと言ってしまえば，周囲の人は口をはさむことができなくなってしまう（から。）　問７　エ　問８　A　（例）　その人自身の性格と完全には一致しません　B　（例）　先生に席替えなどをお願いして，今のグループから物理的距離を取り，疲れるキャラでいる時間を減らしてはどうですか。　問９　ⓐ，ⓓ，ⓔ　下記を参照のこと。　ⓑ　なさ（けない）　ⓒ　ぜんてい　三 問１　１　（例）　現象　２　（例）　参照　３　（例）　名称　４　（例）　通過　５　（例）　仮名　問２　１　エ　２　イ　３　ウ　４　ウ　５　ア

●漢字の書き取り

二 問９　ⓐ　研究　ⓓ　価値　ⓔ　規則

解　説

一 **出典は吉野万理子の『部長会議はじまります』による。**卓球部の部長の優は，同じ卓球部のメンバーの亜李寿と，彼女のおばで，指導者でもある宮本先生の練習場でプレーし，アドバイスを受ける。

問１　宮本先生に「防御一辺倒で相手のミス待ち」だと指摘された優は，自分のプレーは「相手が勝手にミスしてくれるのを待っている」だけの「受け身」なのだと感じている。

問２　A　優は先にポイントを取ったものの，その後は思っていたとおり，「亜李寿が力を発揮して，すぐに逆転され」てしまった，という文脈になる。思っていたとおりの結果になることを表す「やはり」が入る。　B　宮本先生にかけられた「惜しい」という言葉は，「もちろん，ほめられ」ているわけではないが，「自分としては意外」だったというのだから，前のことがらに対し，後のことがらが対立する関係にあることを表す「でも」が入る。

問３　宮本先生は，優に卓球を「楽しんでないよね？」と指摘し，何かをやる根底には「楽しい」とか「好き」という気持ちがなければ「続ける意味はないと思う」とも言った。宮本先生は，優にとっての卓球が「難行苦行」になっているので，もっと卓球を楽しもうという「姿勢」が必要だとアドバイスしたのである。

問４　宮本先生に，卓球を楽しんでいないと見ぬかれた優は，入部したばかりのころは「わくわくして」いたのに，今は「体育館に行くとき，いつもおへその上がちょこっと痛い」と感じていることを思い出した。優は，宮本先生の言葉によって，卓球を楽しんでいたころに比べて，今は体育館に行くことが嫌になっているということに気づかされて，戸惑ったのである。

問５　直前に「上達するにつれて」とあるので，卓球が上達するにつれていっそう高くなってくる

技術や精神力の「壁」であるとわかる。

問６　宮本先生は，「ジュニア期待の星」と言われている亜李寿に対して「卓球が苦しいだけなら，やめちゃえばいいんだよ」と言い，自分の息子の剣についても，「卓球を楽しめなくなったからやめるの」だと事情を明かした。さらに，亜李寿には，「剣が卓球やめたから，自分もここに通いづらくなる」などとは言わずに，「遠慮しない」で練習場に来てほしいと伝えてあるとも言った。宮本先生は，剣も亜李寿も，自分の好きなことを全力でやって生きているということを優に伝えようとしていると考えられるので，ウの内容が合う。

問７　最後の文の「自分だけが犠牲になっていると思っていた」に着目する。優は，亜李寿が腱鞘炎になってまで，宮本先生の練習場で日曜日に十時間も練習しているということを初めて知っておどろいた。そして，「自分だけが犠牲になっている」と言い訳をし，自分が苦しい思いから逃げ出すことだけしか考えていなかったということに気づいたので，ショックを受けたのである。

二　出典は斎藤環の『続・中学生からの大学講義１　学ぶということ』所収の「つながることと認められること」による。日本の「コミュ力」とはどのようなものかといったことや，学校内での「キャラ」や「いじり」について説明されている。

問１　神輿を担ぐとき，誰が神輿を担いでいるかわからないし，一人くらい担がない人がいても，神輿自体は進んでいく。それと同じように，何かを決める場面において，「その場の流れや勢いで決めてしまう」と，「誰もその決断に責任が取れない」ので，結局は無責任と同じことになるのである。

問２　日本の「コミュ力」は，お笑い芸人のような「キャラを立てて，笑いを取りに行って，人をいじって，空気を読む」というものだが，国際化が進んでいくと日本のような「コミュ力」だけではやっていけなくなるので，欧米のような「ディベート能力や感情的にならずに論理的に相手を説得する能力」が必要となるのである。

問３　以降の段落の内容に着目する。スクールカーストは，カースト上位の生徒の発言が，そのまま「クラスの決定事項」になるといった「上意下達の仕組み」をもっており，「明文化されたルール」はないが，「逆らえない空気」があるので，「みんな自分の意図を抑え込ん」でしまうようになる。また，スクールカースト内で起こるいじめは，当事者が「これはいじりだから」と言ってしまえば，周囲の人が口を出せなくなることもあるが，「いじりはいじめ」とはっきりと言えるともある。カーストの決定は「物理的距離の近さがかなり重要」であり，ある程度予防するなら「定期的に班替えや席替え」をすればよいので，スクールカーストの解体は「わりに簡単」といえるとあるので，ウが合わない。

問４　スクールカーストには，上位の生徒の発言に「逆らえない空気」があり，みんなは「この曖昧な秩序に従わざるをえない」ようになるが，解体するには「定期的に班替えや席替え」するくらいですむので，カースト内の「空気」は，「いい加減な」ものといえる。

問５　ウにもどすと，前の「キャラ文化」には，「キャラがわかっているとコミュニケーションがしやすく絡みやすい」し，「お互いのキャラをいじりあっているだけで，コミュニケーションを延々と続けられ」るという「メリット」があるという内容を後で，「キャラはコミュニケーションツールであると同時に，コミュ力の産物でもある」とまとめているという文脈になる。

問６　次の文の「いじりは目に見えません」に着目して考える。いじりは，いじめのように周囲から見てはっきりとはわからないもの，つまり目に見えないものなので，当事者が「これはいじりだから」と言ってしまえば，学校や周囲の人が「手を出せなく」なってしまうのである。

問７　キャラ文化は，「お笑い芸人が自分の芸風を差別化して目立たせるため」に「キャラを立て」て笑いをとるということが「モデル」になっていると述べられているので，エの内容が合う。

問８　**Ａ**　五段落目の内容について話している。キャラは「空気が決める」ので，「その人自身の特徴(とくちょう)をあらわして」はいるが，「一〇〇パーセント一致(いっち)」しているわけではない。つまり，「その人の性格と離(はな)れていくこと」もあるので，「キャラ疲(づか)れ」を起こすこともある。　**Ｂ**　本文では「キャラ」に関連した問題として，上位の生徒の発言に逆らえない雰囲気(ふんいき)が生み出される「スクールカースト」があげられている。ただし，このスクールカーストの「空気」は，「物理的距離の近さ」によって生じるものなので，先生に班替えや席替えをお願いし，カースト内の「空気」から影響(えいきょう)を受けないようにすることで，「キャラ疲れ」を軽減することができるのである。

問９　ⓐ　物事を深く考えたり，くわしく調べたりして，事実などを明らかにすること。　ⓑ　音読みは「ジョウ」で，「感情」などの熟語がある。　ⓒ　あることが成り立つための前置きとなる条件。　ⓓ　どれくらい大切かということについての度合い。　ⓔ　物事のきまり。

三　熟語の完成，文のかかり受け

問１　**１**　「対象」と書くので，「現象」「気象」「印象」などの熟語がつくれる。　**２**　「対照」と書くので，「参照」「照合」「照明」などの熟語になる。　**３**　「対称」と書くので，「名称」「称賛」「敬称」などの熟語がある。　**４**　「過程」と書くので，「通過」「経過」「過信」などの熟語がつくれる。　**５**　「仮定」と書くので，「仮名」「仮説」「仮想」などの熟語がある。

問２　どの語にかかっているかは，二つの語をつなげてみて，意味がよく通るかどうかでわかる。　**１**　「夏が来るとかつて見た夜空に光る花火を毎年思い出す」のように並べかえると意味がよく通るので，「毎年」は「思い出す」にかかっているとわかる。　**２**　「心の中で絶対にあきらめないと決意したのを忘れてはいけない」のように並べかえると意味がよく通るので，「あきらめないと」は「決意したのを」にかかっているとわかる。　**３**　「学校の横を通ると校舎の四階からあのきれいな歌声が聞こえる」のように並べかえると意味がよく通るので，「歌声が」は「聞こえる」にかかっているとわかる。　**４**　「主役をやるのにあなたこそふさわしい人物だと私は思う」のように並べかえると意味がよく通るが，よりわかりやすいように「あなたこそふさわしい人物だ」のところだけを一つの文として見てみると，「あなたこそ」が主語で，「人物だ」が述語になるので，全体として「あなたこそ」は「人物だと」にかかっているとわかる。　**５**　「生徒会長にもしもなったら，学校のためにどんなことをしよう」のように並べかえると意味がよく通るので，「もしも」は「なったら」にかかっているとわかる。

2022年度　東京家政大学附属女子中学校

〔電　話〕　(03) 3961－2447
〔所在地〕　〒173－8602　東京都板橋区加賀１－18－１
〔交　通〕　JR埼京線 ―「十条駅」より徒歩５分
都営三田線 ―「新板橋駅」より徒歩12分

＊【適性検査Ⅰ】は国語ですので最後に掲載してあります。

【適性検査Ⅱ】〈第４回・適性検査型入試〉（45分）〈満点：100点〉

〔注意〕算数の図形は正確にかかれているとはかぎりません。

1　次の会話は 2022 年 2 月のあおいさんとももかさんの会話です。会話文を読んで、あとの問いに答えなさい。

あおい　：　ももかさんの誕生日はいつ？
ももか　：　わたしは、2009 年 7 月 20 日よ。
あおい　：　ももかさんは自分が生まれた日の曜日って知ってる？
ももか　：　知らないわ。でもとても気になるわね。
あおい　：　わたしも気になっていたの。一緒に考えてみましょう。
ももか　：　去年、わたしの誕生日は火曜日だったわ。
あおい　：　1 年は 365 日だから、去年の曜日は・・・。
ももか　：　ちょっと待って。うるう年は 366 日だよ。
あおい　：　うるう年って 4 年に 1 回、1 年が 366 日になる年のことだよね。調べてみよう。

調べてみると、うるう年は次のような条件があることがわかりました。

〔条件〕
(1) 西暦が 4 で割り切れる年はうるう年とする。
(2) (1) に当てはまる年のうち、西暦が 100 で割り切れる年は、うるう年ではない。
(3) (2) に当てはまる年のうち、400 で割り切れる年はうるう年とする。

ももか　：　うるう年は 4 年に 1 回というわけではないんだね。例えば、1900 年は 4 で割り切れるから、条件(1)には当てはまるけど、100 でも割り切れるから、条件(2)にも当てはまるので、うるう年ではないのね。
あおい　：　曜日を考える上では、うるう年が何回あったかということは大事な情報ね。

ももか　：　わたしが生まれてから去年の誕生日までにうるう年は 3 回あったんだね。あとは、1 年で曜日がいくつずれていくのかがわかれば、生まれた日の曜日がわかりそうね。

あおい　：　1 年が何週間と何日かわかれば、いくつずれていくか計算できるかな。早速やってみよう。

問1　条件 (1) に当てはまっても、うるう年でない年は、今年から一番近い年で何年でしょうか。また、ももかさんが生まれた日の曜日を求めなさい。

誕生日の曜日について調べていると次のことがわかりました。

ももか　：　条件 (2) とあるけれど、うるう年が必ず 4 年に 1 回くるのであれば、誕生日の曜日と生まれた日の曜日が一致するのは、周期があるみたいだよ。

あおい　：　本当だ。でも人によって、周期は異なるみたいね。いろいろなパターンがあるわ。わたしはどんな周期かしら。

ももか　：　そうね。でも 28 歳の時には、生まれた日の曜日と 28 歳の誕生日の曜日はみんなが一致するらしいわ。他にも、56 歳、84 歳のときも一致するんだって。不思議だね。

あおい　：　うるう年のことも考えると、単純に 1 週間が 7 日間だから 7 の倍数の年っていうことではなさそうね。どんな理由があるんだろう？

問2　うるう年が 4 年に 1 回であれば、なぜ、それぞれの周期に関係なく、28 歳のときに曜日が一致するのでしょうか。理由を具体的に説明しなさい。

あおい　：　誕生日といえば、生まれ年で干支(えと)も異なるわね。

ももか　：　そういえば、干支って、子(ね)・丑(うし)・寅(とら)・卯(う)・辰(たつ)・巳(み)・午(うま)・未(ひつじ)・申(さる)・酉(とり)・戌(いぬ)・亥(い)っていう十二支(じゅうにし)が一般的だけど、十干(じっかん)というものもあって、正確には十二支と十干を合わせて干支なんだって。

あおい　：　そうなんだ。十干ってどんなものがあるんだろう？

ももか　：　甲(きのえ)・乙(きのと)・丙(ひのえ)・丁(ひのと)・戊(つちのえ)・己(つちのと)・庚(かのえ)・辛(かのと)・壬(みずのえ)・癸(みずのと)で十干だよ。十干も十二支と同じように 1 年で変わっていくよ。これらと十二支を合わせて、「甲子(きのえね)」というように干支は表すんだって。

あおい　：　わたしたちの生まれ年の干支は何かな？

ももか　：　干支の早見表【図】があるわ。

【図】干支の早見表

西暦	十干	十二支	干支
2014	甲	午	甲午
2015	乙	未	乙未
2016	丙	申	丙申
2017	丁	酉	丁酉
2018	戊	戌	戊戌
2019	己	亥	己亥
2020	庚	子	庚子
2021	辛	丑	辛丑
2022	壬	寅	壬寅

ももか　：　早見表から推測すると、わたしの干支は［①］だね。

あおい　：　次、ももかさんと同じ干支になるのは2069年らしいよ。

ももか　：　あれ？十干は10通りで、十二支は12通りだから120通りできるはずよね。だから、120年後のはずなのに、なぜ［②］年しか間が空いてないのかしら？

あおい　：　たしかに不思議ね。考えてみましょう。

問3　［①］と［②］に入る漢字・数字を答えなさい。また、なぜ［②］年後に同じになるのか理由を説明しなさい。

2 次の文章と資料を読み、あとの問いに答えなさい。

次のまとめは、めいさんが日本の漁業についてまとめたポスターです。

日本の漁業を応えんしよう！

◎日本の漁業の問題点は？

日本の漁かく量と輸入量、自給率の変化

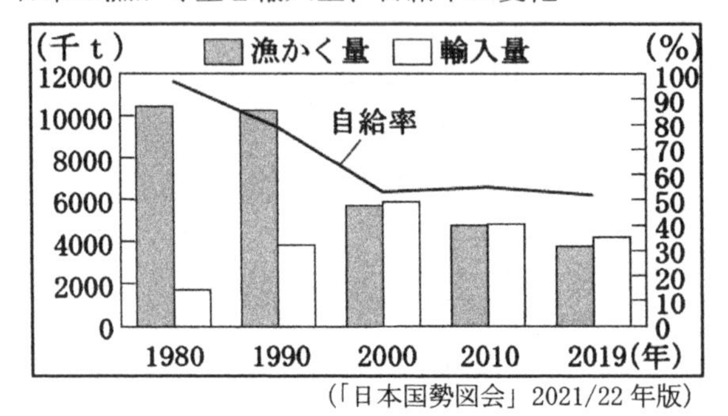

（「日本国勢図会」2021/22 年版）

左のグラフからわかるように、日本の漁業には［　ア　］という問題点があります。

そのため、今後も魚を食べられるようにするには、いろいろな工夫が必要です。

◎漁業従事者のためにできることは？

日本の一人あたり魚と肉の消費量の変化

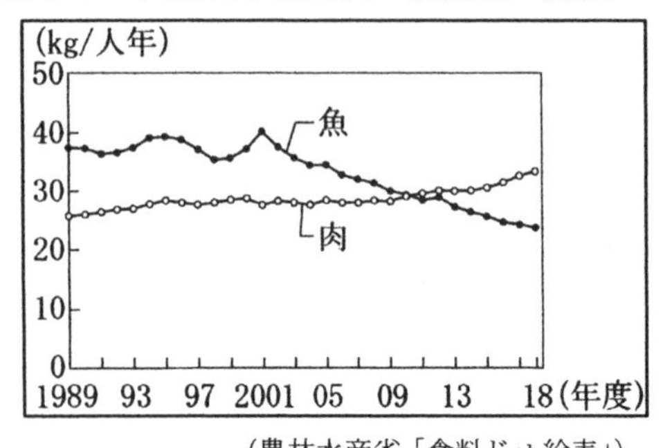

（農林水産省「食料じゅ給表」）

世界各国の魚の消費量の変化

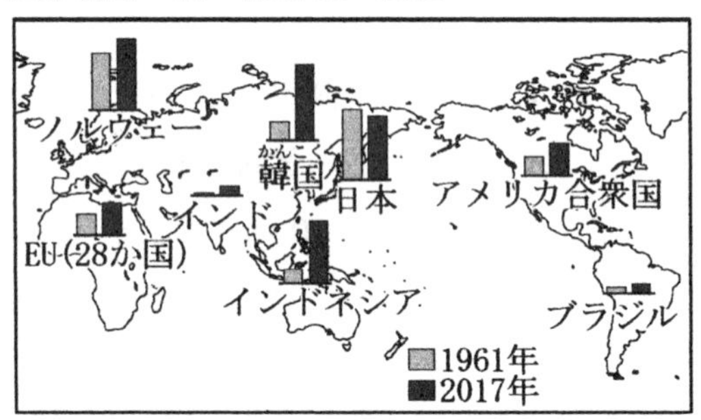

（FAO「FAOSTAT(Food Balance Sheets)」など）

漁業従事者のみなさんの利益を増やすためには、どのようなことができるでしょうか。

上のグラフと地図から、［　イ　］ということがわかります。そのため、日本でとれた魚かい類を海外に輸出することで、日本の漁業従事者のみなさんの利益を増やせるのではないかと思います。そのほかに、みなさんがスーパーマーケットや魚屋さんで魚を買うときに、なるべく国産のものを選んで買うことも大切です。

◎これからの日本の漁業について

［　　　　　　　　　　］

問１　日本の漁業がかかえている課題について、［　ア　］にあてはまる内容を、ポスター中の資料から読み取れることにふれて、説明しなさい。

問２　［　イ　］にあてはまる内容をグラフと地図から説明しなさい。

問３　あなたがめいさんなら、「◎これからの日本の漁業について」の空らんにどのようなことを書きますか。130字以上150字以内でまとめなさい。

3　つとむさんとあや子さんは同じかん電池と同じ豆電球を使って、豆電球の明るさを比べる実験を行いました。次の文章を読んで、あとの問いに答えなさい。

［実験１］

豆電球 1 個とかん電池 1 個をつなぎ、豆電球の明るさを調べる【図 1】。次に豆電球 2 個とかん電池 1 個をつなぐ【図 2】。2 個の豆電球それぞれの明るさを、豆電球 1 個のときの明るさと比べる。

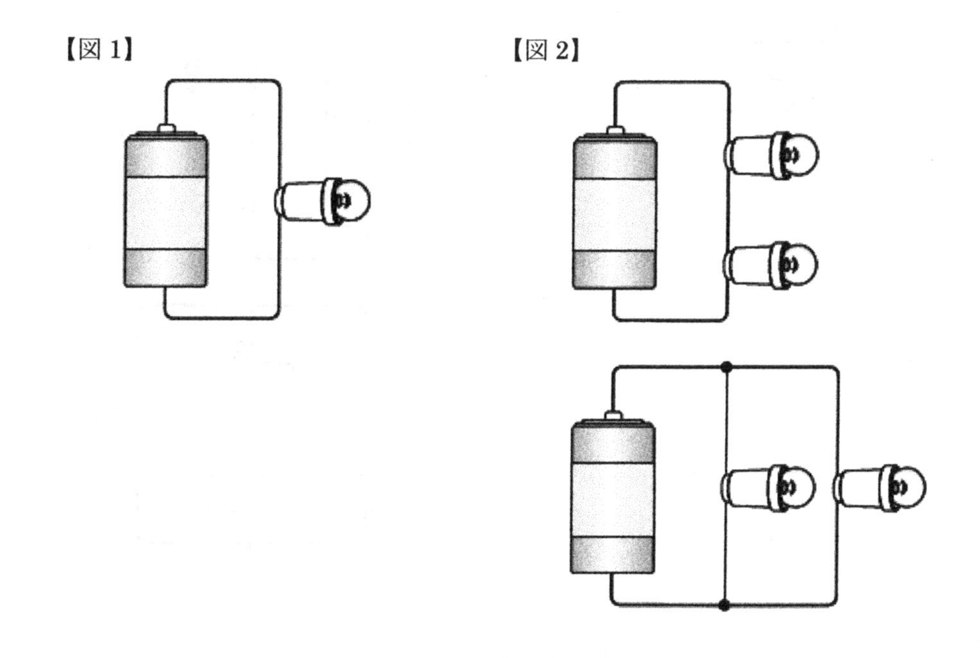
【図 1】　【図 2】

［結果１］

豆電球１個の明るさの比較

豆電球のつなぎ方	明るさ
直列接続	暗い
並列接続	同じ

問１　２個の豆電球を並列接続したときの明るさと、豆電球１個のときの明るさが同じになった理由を説明しなさい。

［実験２］

豆電球１個とかん電池１個をつなぎ、豆電球の明るさを調べる【図３】。次に豆電球１個とかん電池２個をつなぐ【図４】。かん電池２個のときの豆電球の明るさを、かん電池１個のときの豆電球の明るさと比べる。

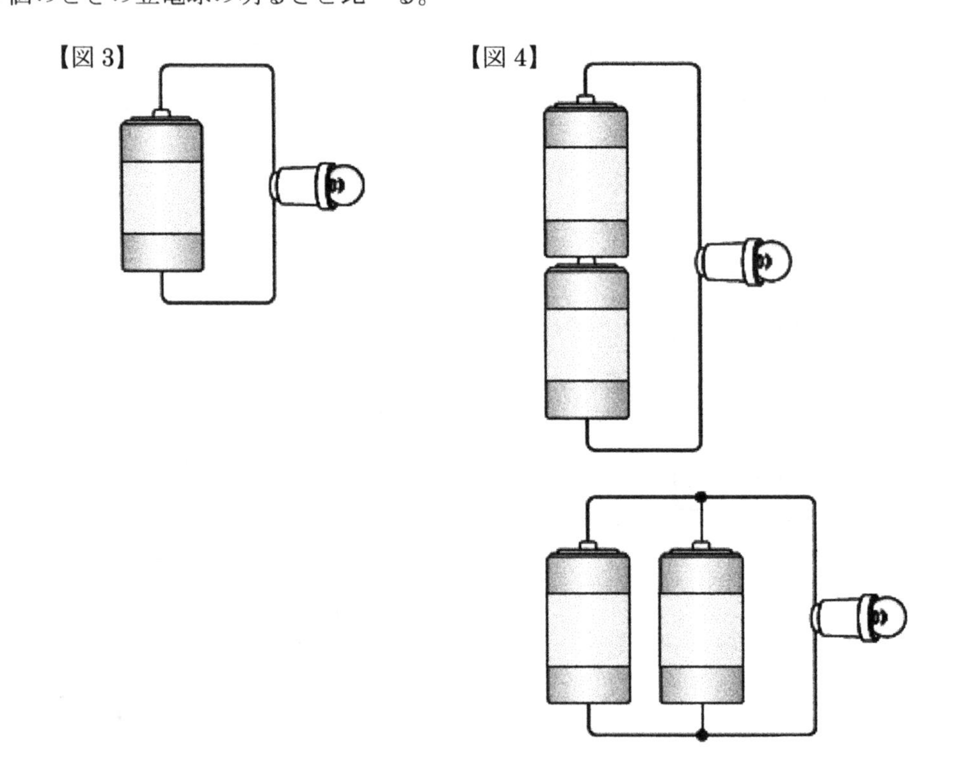
【図３】
【図４】

［結果２］

豆電球１個の明るさの比較

かん電池のつなぎ方	明るさ
直列接続	明るい
並列接続	同じ

つとむさんとあや子さんは、豆電球の明るさを比べる実験１、実験２の結果から考察をしました。次の文章を読んで、あとの問いに答えなさい。

つとむさんは実験１と実験２の結果から、「豆電球のつなぎ方は（　1　）接続にした方が豆電球は明るくなる。また、かん電池のつなぎ方は（　2　）接続した方が豆電球は明るくなる」と気付きました。

次に、あや子さんはつとむさんの考えを組みあわせて、「豆電球２個とかん電池２個をつなぐとき、豆電球をつなぐときは（　1　）接続で、かん電池をつなぐときは（　2　）接続でつなげば、豆電球は明るくなる」と考え、次の実験を行いました。

［実験３］

豆電球 1 個とかん電池 1 個をつなぎ、明るさを調べる。次に豆電球 2 個とかん電池 2 個をつなぐ。豆電球 2 個とかん電池 2 個のときの明るさを、豆電球 1 個とかん電池 1 個のときの明るさと比べる。

［結果３］

豆電球１個の明るさの比較

		かん電池のつなぎ方	
		直列接続	並列接続
豆電球のつなぎ方	直列接続	同じ	（　3　）
	並列接続	（　4　）	同じ

問２　上の文章の（　1　）と（　2　）に入る語の組合せとして最も適当なものを、次の①～④のうちから１つ選び、番号で答えなさい。

	（　1　）	（　2　）
①	直列	直列
②	直列	並列
③	並列	直列
④	並列	並列

問３　結果３の（　３　）と（　４　）にあてはまる言葉を、結果１、２を参考にしてそれぞれ答えなさい。

つとむさんとあや子さんは豆電球２個とかん電池２個を使って最も明るく点灯するつなぎ方がわかりました。以下は、実験後のつとむさんとあや子さんの会話です。会話文を読んであとの問いに答えなさい。

つとむ　：　かん電池１個のときと比べてかん電池２個を使えば、豆電球２個が明るくなるんだね。

あや子　：　そんなこと無いよ。かん電池２個を使っても、かん電池１個のときよりも暗くなるときもあるよ。

つとむ　：　かん電池が２個あるのに、どうしてかん電池が１個のときより豆電球が暗くなることがあるんだろう。

あや子　：　かん電池が２個あっても、かん電池１個のときよりも流れる電気の量が少ないからじゃないのかなぁ。

つとむ　：　電気の流れる量が少なければ、かん電池は長持ちするよね。

問４　下図のように、２個のかん電池が持つ電気の量が同じとき、最も長い時間２個の豆電球が点灯するように接続するには、導線をどのようにつなげばよいですか。解答用紙の図に導線を書き入れなさい。

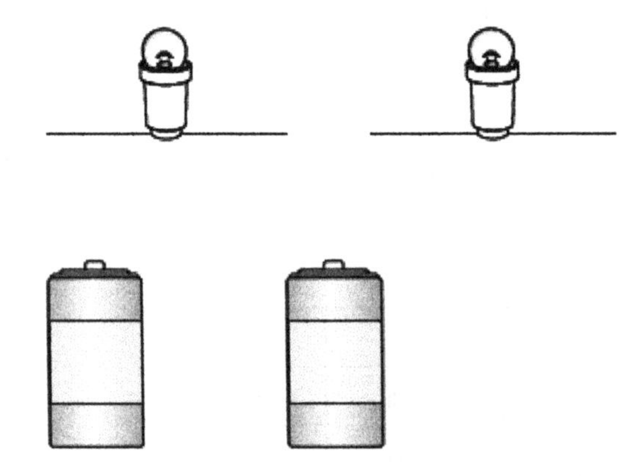

その後のアイデンティティも不安定になるという報告もされています。

③子どもたちの将来を見据えると、母語を保持し、母語の能力を伸ばすことが大切です。

これは、その当事者家族だけの問題としてとらえるのではなく、外国に関係のある方々を受け入れ、彼らの注スマンパワーを期待した豊かな国づくりを実践している日本社会全体の問題です。社会全体として、彼らのアイデンティティを育むことができる教育環境を整備しなければならないと、強く感じています。

（菊池聡『〈超・多国籍学校〉は今日もにぎやか！』より）

注サ　ニュアンス　表面的な意味以外の、細かな意味
注シ　アイデンティティ　他と区別される、個としての独自性
注ス　マンパワー　労働力

問一　――線部①とはどのような動きのことですか。文章1を読み、この動きのきっかけになった出来事にもふれながら、「サブカルチャー」という語を用いて六〇字以内で説明しなさい。

問二　――線部②とほぼ同じ内容を表す言葉を、文章1から六字でぬき出して答えなさい。

問三　――線部③に対してどのように考えますか。次のような三段落構成で、あなたの考えを三〇〇字以上四〇〇字以内で書きなさい。

Ⅰ　第一段落では、文章1と文章2に共通して述べられている、方言や母語などもともと身についていた言語を大切にすべき理由について説明する。

Ⅱ　第二段落では、日本で教育を受ける外国の子供たちがどのような親子間の問題をかかえているか、文章2をもとに説明する。

Ⅲ　第三段落では、あなたが文章2の小学校で「母語保護委員」に任命されたとして、委員としてできる具体的な活動を提案し、なぜその活動が意味を持つのか、あなたの意見を書く。

へ移住し、戦後、日本に帰国した中国帰国者の息子さんです。したがって、日本国籍ですが日本語を話すことはできません。その後、中国の方と結婚し、A子さんが生まれました。保育園に入るまでの家庭の中の会話は、母語である中国語だったようです。けれども、A子さんは、保育園そして小学生になる頃には中国語を話せなくなり、六年生になった頃には中国語を聞いて理解はできるものの、自分から話すことはなくなったといいます。

　学校でほめられたことやうれしかったことを親に伝えたくても伝えることができないという現状を、番組の中で涙をこらえて話していました。そして卒業式後のインタビューでは「中国語を勉強して、親と語り合いたい」という夢を語っていました。

　もう一人の中国籍のB太君は、日本生まれ。生後半年で日本で生活する両親と離れ、中国に住む祖父母のもとに預けられ、二年生になるまで中国で過ごしました。

　両親は、B太君が生まれる一〇年前に、中国帰国者の親戚に呼び寄せられて来日しました。日常生活に最低限必要な日本語は理解することができますが、学校などでは通訳を介さなければ細かな情報交換はできません。

　B太君は、A子さんに比べて、中国語で思考して日本語を学習することができたので、二年間で、自分の日本語力だけで在籍学級での学習に参加できる程度の日本語を獲得することができました。

　B太君は、家庭での会話が中国語だったこともあり、会話する程度の母語は保持することができましたが、小学校を卒業する頃には、中国語で読んだり書いたりすることは、ほぼできなくなってしまいました。

　思春期を迎える時期に差し掛かると、人目を気にして、日本国籍を取得したいと願うようになります。そして、家族での食事中に、B太君は思い切ってその想いを両親に伝えました。

　両親は、

「せっかく中国人として生まれてきたから、中国人として生きていってほしい」と伝えると、B太君は、

「〈中間人〉ってないのかな……」

それを聞いて両親は、

「B太は、日本語でも中国語でも理解することができるんだから、まさしく〈中間人〉なんだよ。国籍は関係ないよ」

と話していました。

　卒業式後のインタビューでは、

「将来は日本国籍を取得し、日本人になりたい」

という夢を語っていました。

　現在二人は、立派な大学生。小学校時代に描いた夢の実現に向けて、努力を続けています。

（中略）

　異国で学ぶ子どもたちがどのように母語を保つのか、という課題への取り組みについては、アメリカやカナダなどで先進的におこなわれてきました。しかし日本においては、学校教育の中で、そのようなことがおこなわれている例はあまり聞きません。

　一般的に、言語はアイデンティティの形成と密接に関わっていると言われます。子どもが②自分の「言語」を確立できない状態になれば、

のある人を起用して、人気を集めています。かつてのイギリスとは大きく変わってきているのです。料理番組でも、コックの人たちに強烈な下町言葉をしゃべらせ、人気を得ている状況なのです。

これは日本でも同様で、一九九〇年代以降の顕著な流れです。漫才などを契機として大阪弁が全国に注コ流布したのもそうですし、公的な場でも東北弁をそのままにしゃべることがけっして恥ずかしいことではないといった状況が出てきています。そして、それが逆に、クールというか、誠実な自己主張につながるとする見方が一般的になりつつあるのです。

(真田信治『方言は気持ちを伝える』より)

注ア　フォーマル　正式であるさま
注イ　真摯　まじめでひたむきなこと
注ウ　乖離　そむきはなれること
注エ　均質化　性質が同じであること
注オ　奨励運動　よいこととして進める運動
注カ　マスメディア　新聞やテレビなど情報を発信するもの
注キ　サブカルチャー　ある文化の、中心的でない文化のこと
注ク　クイーンズ・イングリッシュ　イギリス英語のこと
注ケ　BBC放送　イギリスのテレビ放送
注コ　流布　広く世に伝わること

文章2

二〇一七(平成二九)年一二月現在、飯田北いちょう小学校には全校児童の全体の五四パーセントにあたる一四八人が外国に関係のある児童であることは前に書きました。そして、その多くは、二世、三世世代ということも紹介しました。就労している保護者の多くは、時間をかけて日本語を学ぶ時間が少ないこともあり、日本語の理解力は必ずしも十分ではありません。一方、子どもたちは学校で日本語を学び、日本語の能力は高まってきます。

したがって、保護者は次第に子どもの話す日本語が理解できなくなっていきます。その結果、親と子が細かな注サニュアンスや感情などをことばで伝え合うことができなくなっているという新たな課題がみられるようです。

親子の間で会話をしている様子をみていると、子どもたちは親が理解できる易しい日本語に、自分が知っている母語を混ぜて話し、親は子どもが理解できる易しい母語に、親が知っている日本語を混ぜて話している場面があります。

そのような様子をみると、「本当に通じ合っているのだろうか」と心配になってしまいます。

日本語が上達すればするほど母語を忘れ、母国への注シアイデンティティが薄れていく子どもたちの現状に対して、早急な対応が必要だと思います。

二〇一一(平成二三)年にNHKのドキュメント番組で、旧いちょう小学校の二人の児童が取り上げられました。

そのうちの一人、日本国籍のA子さんのお父さんは、日本から中国

二〇二二年度 東京家政大学附属女子中学校

【適性検査Ⅰ】〈第四回・適性検査型入試〉（四五分）〈満点：一〇〇点〉

次の文章1、文章2を読んで、あとの問いに答えなさい。

文章1

従来、書きことばは注アフォーマルで、話しことばとは一線を画するものであったのですが、最近の若者たちのあいだでは、話す口調そのものに近い文章も多く見られます。とくにインターネットやメールなどでは、文章の話しことば化はさらにすすんでいて、方言の使用もひんぱんに見られるのです。

そこには、書く文章によっても本音に近いものを、自分の気持ちに忠実なことを素直に表現しうる、新しいしたたかな感性が育ちつつあることを実感させられます。もっとも、この傾向は一方で、若者たちが注イ真摯に考慮した論理的な文章が書けなくなっている、フォーマルな文体が苦手になっているという状況とも比例していることを指摘しておかなくてはなりませんが。

方言の使用にコンプレックスを感じた世代に対して、地元に愛着をいだき自信をもって地元のことばを使う新世代が各地で育ってきています。ひょっとして、方言による詩に感動を覚えるのは、気持ちを伝えるべき、心のことばとしての方言を棄てることを強要され、話しことばと書きことばとの注ウ乖離をとうぜんの前提として育てられた旧世代なのかもしれません。

明治以降、日本語はひたすら注エ均質化される方向にすすんできました。方言撲滅をめざした国語教育、標準語注オ奨励運動がその典型です。この均質化は、実質的には、教育によってではなく、注カマスメディアによってほぼ完成の域に達しました。わたしは、それは一九八〇年代であったと理解しています。

そして、均質化の完成と同時に、方言の地位向上、格上げ現象が目立ってきました。もちろん、方言の格上げといっても、それは標準語をやめて方言にもどそうということではなく、あくまで注キサブカルチャーとして方言を活用しようということです。東京語を話さないようにしよう、ではありません。標準語としての東京語を話せるようになったからこそ、方言を見直そうという運動が出てきたのだと思います。

①方言の復興で注目される点は、それが日本だけではなく、そのような運動の風が地球上の各地で吹いているということです。

たとえば、注ククイーンズ・イングリッシュの本場であるイギリスでも、このところ、バック・トゥ・ローカルという動きが急激に進展しています。地方出身の有名タレントや人気スポーツ選手たちが堂々と方言で話す機会が増え、改まったことばより出身地のことばで話すほうが自分を主張できるという考えがひろまってきているのです。若者たちは携帯電話で、なまり丸出しで話しています。そして、クイーンズ・イングリッシュはカッコ悪いと言います。若者のあいだでは、地方なまりがクールでカッコいいと映っているようなのです。

これは、いままでのイギリスではちょっと考えられなかった現象で

2022年度

東京家政大学附属女子中学校

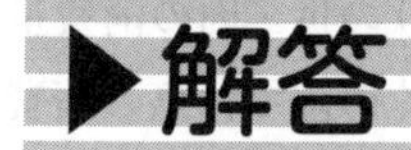

※編集上の都合により，第４回・適性検査型入試の解説は省略させていただきました。

適性検査Ⅰ （45分）＜満点：100点＞

解　答

問１　(例)　日本語が均質化されたことをきっかけに起こった，方言をサブカルチャーとして利用し，方言の地位を向上させる動きのこと。　**問２**　地元のことば　**問３**　(例)　文章１では方言が自分の気持ちを誠実に伝えられる表現方法だと説明していて，文章２では母語がアイデンティティを育む上で必要なものだと述べています。どちらの文章でも，方言や母語が自分を表現する上で大切なものだと言っているところが共通しています。

しかし現在の日本の学校教育では，外国の子どもたちに母語を学ぶ機会を与えることがあまりできていません。だから，子どもたちと親の間で言葉の力にずれが生まれてしまって，細かなニュアンスを伝え合うことが難しくなってしまいます。

私がいちょう小学校の母語保護委員になったら，グループに分かれて母語を学ぶ時間を設けることを提案したいです。それぞれの母語は保護者の方に協力してもらって，子どもたちに教えてもらいます。そうすることで，子どもたちにも母語を使う時間を作ることができ，また保護者の方も子どもたちとコミュニケーションをとることができます。

適性検査Ⅱ （45分）＜満点：100点＞

解　答

1　**〔問１〕　うるう年でない年**…2100年　**ももかさんが生まれた曜日**…月曜日　**〔問２〕**　(例)　年齢(れい)が４の倍数であるとき，うるう年の回数は等しい。よって，年齢は４の倍数であることが求められる。また，平年であれば１つずつ曜日がずれ，うるう年であれば２つずれる。28歳では，28÷４＝７回うるう年があるので，21×１＋７×２＝35個曜日がずれていることになる。35は７の倍数であるので，必ず曜日は一致する。　**〔問３〕**　①　己丑　②　60　**理由**…(例)　十干は10年で１周，十二支は12年で１周する。よって，十干は10年，20年，30年，…という周期で同じものが回ってくる。十二支は12年，24年，36年，…という周期で回ってくる。したがって，十干と十二支が同じ組み合わせになる年は10と12の最小公倍数である60年となる。

〔問２〕　別解

平年であれば，365÷７＝52…１より，曜日は１日ずつずれていく。またうるう年であれば，366÷７＝52…２より，平年よりもさらに１日ずつずれていく。曜日は７日ずれると１巡(じゅん)するので，７年周期と，うるう年の４年周期の最小公倍数の28歳(さい)で曜日が一致することになる。　2

問１　(例)　漁かく量が減少している(自給率が低下している)　**問２**　(例)　日本の一人あたりの魚・肉の消費量は2010年ころに入れ替わり，肉を多く食べるようになったが，日本以外の多くの国では魚の消費量が増加している。　**問３**　(例)　魚はおいしくて健康にもよい食べ物であることをもっと知ってもらい，日本でとれた魚の消費量を増やすことが大切ではないでしょうか。さらに，海外の人たちにも「すし」をはじめ，日本の魚料理をもっとアピールし，養殖漁業や栽培漁業で生産した魚を安心でおいしい日本のブランドとして輸出することなども必要だと思います。　**3**　〔**問１**〕(例)　２個の豆電球に流れる電気の量が，豆電球１個のときと同じだから。　〔**問２**〕③

〔**問３**〕**３**　暗い　**４**　明るい　〔**問４**〕右の図

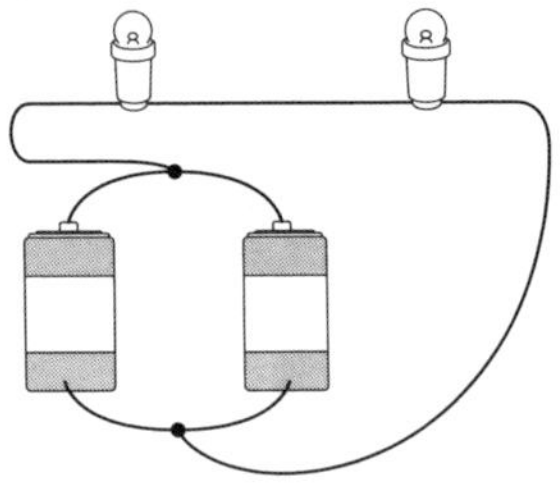

2025年度用

中学スーパー過去問

■編集人 声の教育社・編集部
■発行所 株式会社 声の教育社
〒162-0814 東京都新宿区新小川町8-15
☎03-5261-5061(代) FAX03-5261-5062
https://www.koenokyoikusha.co.jp

本書の内容についての一切の責任は当社にあります。内容・解説・解答・その他は当社ホームページよりお問い合わせ下さい。

ストリーミング配信による入試問題の解説動画

2025年度用web過去問　ラインナップ

■ 男子・女子・共学（全動画）見放題
36,080円（税込）

■ 男子・共学 見放題
29,480円（税込）

■ 女子・共学 見放題
28,490円（税込）

● 中学受験「声教web過去問（過去問プラス・過去問ライブ）」（算数・社会・理科・国語）

3〜5年間 24校

過去問プラス

麻布中学校　桜蔭中学校　開成中学校　慶應義塾中等部　渋谷教育学園渋谷中学校
女子学院中学校　筑波大学附属駒場中学校　豊島岡女子学園中学校　広尾学園中学校　三田国際学園中学校
早稲田中学校　浅野中学校　慶應義塾普通部　聖光学院中学校　市川中学校
渋谷教育学園幕張中学校　栄東中学校

過去問ライブ

栄光学園中学校　サレジオ学院中学校　中央大学附属横浜中学校　桐蔭学園中等教育学校　東京都市大学付属中学校
フェリス女学院中学校　法政大学第二中学校

● 中学受験「オンライン過去問塾」（算数・社会・理科）

3〜5年間 50校以上

東京
青山学院中等部　麻布中学校　跡見学園中学校　江戸川女子中学校　桜蔭中学校　鷗友学園女子中学校　大妻中学校　海城中学校　開成中学校　開智日本橋中学校　吉祥女子中学校　共立女子中学校
国学院大学久我山中学校　渋谷教育学園渋谷中学校　城北中学校　女子学院中学校　巣鴨中学校　桐朋中学校　豊島岡女子学園中学校　日本大学第三中学校　雙葉中学校　本郷中学校　三輪田学園中学校　武蔵中学校
明治大学付属明治中学校　早稲田中学校　都立中高一貫校 共同作成問題　都立大泉高校附属中学校　都立白鷗高校附属中学校　都立両国高校附属中学校

神奈川
神奈川大学附属中学校　桐光学園中学校　県立相模原・平塚中等教育学校　市立南高校附属中学校

千葉
市川中学校　国府台女子学院中学部　芝浦工業大学柏中学校　渋谷教育学園幕張中学校　昭和学院秀英中学校　専修大学松戸中学校　東邦大学付属東邦中学校　千葉日本大学第一中学校　東海大学付属浦安中等部　麗澤中学校　県立千葉・東葛飾中学校　市立稲毛国際中等教育学校

埼玉
浦和明の星女子中学校　開智中学校　栄東中学校　淑徳与野中学校　西武学園文理中学校　獨協埼玉中学校　立教新座中学校

茨城
江戸川学園取手中学校　土浦日本大学中等教育学校　茗渓学園中学校

web過去問 Q&A

過去問が動画化！
声の教育社の編集者や中高受験のプロ講師など、
過去問を知りつくしたスタッフが動画で解説します。

Q どこで購入できますか？
A 声の教育社のHPでお買い求めいただけます。

Q 受講にあたり、テキストは必要ですか？
A 基本的には過去問題集がお手元にあることを前提としたコンテンツとなっております。

Q 全問解説ですか？
A 「オンライン過去問塾」シリーズは基本的に全問解説ですが、国語の解説はございません。「声教web過去問」シリーズは合格のカギとなる問題をピックアップして解説するもので、全問解説ではございません。なお、「声教web過去問」と「オンライン過去問塾」のいずれでも取り上げられている学校がありますが、授業は別の講師によるもので、同一のコンテンツではございません。

Q 動画はいつまで視聴できますか？
A ご購入年度２月末までご視聴いただけます。
複数年視聴するためには年度が変わるたびに購入が必要となります。

よくある解答用紙のご質問

01

実物のサイズにできない

拡大率にしたがってコピーすると，「解答欄」が実物大になります。配点などを含むため，用紙は実物よりも大きくなることがあります。

02

A3用紙に収まらない

拡大率164％以上の解答用紙は実物のサイズ（「出題傾向＆対策」をご覧ください）が大きいために，Ａ３に収まらない場合があります。

03

拡大率が書かれていない

複数ページにわたる解答用紙は，いずれかのページに拡大率を記載しています。どこにも表記がない場合は，正確な拡大率が不明です。

04

１ページに２つある

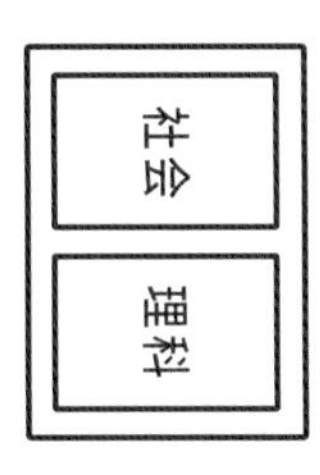

１ページに２つ解答用紙が掲載されている場合は，正確な拡大率が不明です。ほかの試験回の同じ教科をご参考になさってください。

東京家政大学附属女子中学校

【別冊】入試問題解答用紙編

解答用紙は本体からていねいに抜きとり、別冊としてご使用ください。

※　実際の解答欄の大きさで練習するには、指定の倍率で拡大コピーしてください。なお、ページの上下に小社作成の見出しや配点を記載しているため、コピー後の用紙サイズが実物の解答用紙と異なる場合があります。

●入試結果表

— は非公表

年度	回	項目		国語	算数	社会	理科	2科合計	4科合計	2科合格	4科合格
2024	第1回特別奨学生	配点(満点)		100	100	50	50	200	300	最高点	最高点
		合格者平均点	E	—	—	—	—	—	—	E —	E —
			i	—	—	—	—	—	—	i —	i —
		受験者平均点	E	—	—	—	—	—	—	最低点	最低点
			i	—	—	—	—	—	—	E —	E —
		キミの得点								i —	i —

〔参考〕:第2回特別奨学生入試の国語の合格者平均点、受験者平均点は非公表です。

年度	回	項目		国語	算数	社会	理科	2科合計	4科合計	2科合格	4科合格
2023	第2回(特別奨学生)	配点(満点)		100	100	50	50	200	300	最高点	最高点
		合格者平均点	E	—	—	—	—	150.5	223.1	E 165	E 238
			i	—	—	—	—	121.0	192.6	i 153	i 240
		受験者平均点	E	—	—	—	—	122.5	191.3	最低点	最低点
			i	—	—	—	—	107.1	171.5	E 142	E 213
		キミの得点								i 104	i 164

〔参考〕:第1回入試の英語の合格者平均点、受験者平均点は非公表です。

年度	回	項目		国語	算数	社会	理科	2科合計	4科合計	2科合格	4科合格
2022	第2回(特別奨学生)	配点(満点)		100	100	50	50	200	300	最高点	最高点
		合格者平均点	E	—	—	—	—	153.8	230.3	E 186	E 274
			i	—	—	—	—	119.2	179.5	i 168	i 194
		受験者平均点	E	—	—	—	—	117.1	187.4	最低点	最低点
			i	—	—	—	—	87.2	138.1	E 135	E 202
		キミの得点								i 95	i 165

〔参考〕:第1回入試の英語の合格者平均点、受験者平均点は非公表です。

年度	回	項目		適性Ⅰ	適性Ⅱ			適性合計		適性合格	
2022	第4回適性検査型	配点(満点)		100	100			200		最高点	
		合格者平均点	E	—	—			153.0		E 162	
			i	—	—			—		i —	
		受験者平均点	E	—	—			115.6		最低点	
			i	—	—			—		E 138	
		キミの得点								i —	

表中のデータは学校公表のものです。

2024年度　東京家政大学附属女子中学校　第１回特別奨学生

算数解答用紙

番号		氏名	

評点	／100

1

①(答)	②(答)	③(答)
④(答)	⑤(答)	⑥(答)

2

①(途中式)　(答)　　枚

②(途中式)　(答)　　点

③(途中式)　(答)　　本

④(途中式)　(答)　　円

3

①(途中式)　(答)

②(途中式)　(答)　　個

③(途中式)　(答)　　個

④(途中式)　(答)　　cm

4

①(途中式)　(答)　　度

②(途中式)　(答)　　cm

③(途中式)　(答)　　cm^2

④(途中式)　(答)　　cm^3

5

①(答)

△・・・　□・・・　○・・・

◇・・・　◎・・・　☆・・・

②

A　B　C　D　E

1　2　3　4　5

（注）この解答用紙は実物を縮小してあります。173%拡大コピーすると、ほぼ実物大で使用できます。（タイトルと配点表は含みません）

〔算　数〕100点(推定配点)

1～5　各５点×20

2024年度　東京家政大学附属女子中学校　第１回特別奨学生

社会解答用紙

番号		氏名	

評点	／50

1

問１		問２	ｋｍ	問３	
問４		問５			

2

問１		問２	
問３			
問４		問５	

3

問１		問２		問３	
問４					
問５					

4

問１		問２		問３	
問４		問５	の戦い		

5

問１		問２		問３	
問４		問５			

（注）この解答用紙は実物を縮小してあります。Ａ３用紙に144％拡大コピーすると、ほぼ実物大で使用できます。（タイトルと配点表は含みません）

〔社　会〕50点（学校配点）

1～5　各２点×25

2024年度　東京家政大学附属女子中学校　第１回特別奨学生

理科解答用紙

番号		氏名		評点	／50

1

問1	
問2	。
問3	
問4	
問5	
問6	
問7	方位磁針　鉄くぎの頭

2

問1	g
問2	計算　答え
問3	計算　答え
問4	
問5	
問6	
問7	

3

問1	
問2	
問3	
問4	
問5	。
問6	
問7	

4

問1	
問2	
問3	
問4	
問5	
問6	
問7	

〔理　科〕50点（推定配点）

（注）この解答用紙は実物を縮小してあります。Ａ３用紙に153％拡大コピーすると、ほぼ実物大で使用できます。（タイトルと配点表は含みません）

1　問１　１点　問２　２点　問３　１点　問４～問７　各２点×４　2　問１～問４　各２点×４　問５　１点　問６，問７　各２点×２　3　問１～問３　各２点×３　問４　１点　問５，問６　各２点×２　問７　１点　4　問１　２点　問２　１点　問３～問７　各２点×５

二〇二四年度　東京家政大学附属女子中学校　第二回特別奨学生

国語解答用紙　第二回

番号		氏名		評点	/100

一

問一

問二

問三　（10）から。

問四　（10）（20）（30）（40）（50）から。

問五

問六　a　b

問七

問八

二

問一

問二　楽観主義者は（10）（20）（30）
防衛的悲観主義者は（10）（20）（30）

問三

問四　a　b

問五　C　D

問六　(1)　(2)　ア　イ　ウ　エ

問七　ⓐ　ⓑ（びる）　ⓒ　ⓓ（り）　ⓔ

三

問一　1　2　3　4　5

問二　1　2　3　4　5

（注）この解答用紙は実物を縮小してあります。A3用紙に156%拡大コピーすると、ほぼ実物大で使用できます。（タイトルと配点表は含みません）

〔国　語〕100点（学校配点）

一　問1，問2　各3点×2　問3　4点　問4　6点　問5　4点　問6～問8　各3点×5　二　問1　3点　問2　各4点×2　問3，問4　各3点×3　問5　各2点×2　問6　(1)　3点　(2)　各2点×4　問7　各2点×5　三　各2点×10

2023年度　東京家政大学附属女子中学校　第２回

算数解答用紙

番号		氏名	

評点	／100

1

①（答）	②（答）	③（答）
④（答）	⑤（答）	⑥（答）

2

①（途中式）　（答）

②（途中式）　（答）　　通り

③（途中式）　（答）　　点

④（途中式）　（答）　　%

3

①（途中式）　（答）　　m

②（途中式）　（答）　　円

③（途中式）　（答）　　年前

④（途中式）　（答）　　cm

4

①（途中式）　（答）　　度

②（途中式）　（答）　　cm³

③（途中式）　（答）　　m²

④（途中式）　（答）　　cm³

5

①（途中式）　（答）　　票

②（途中式）　（答）　　票

（注）この解答用紙は実物を縮小してあります。171%拡大コピーすると、ほぼ実物大で使用できます。（タイトルと配点表は含みません）

〔算　数〕100点（推定配点）

1～5　各５点×20

2023年度　東京家政大学附属女子中学校　第２回

社会解答用紙

番号		氏名		評点	／50

1

問１		問２	km		
問３	①	②		問４	
問５	m				

2

問１		
問２		
問３	①	②
問４	①　工業地域	②　→　→

3

問１		問２		問３	
問４					
問５					

4

問１		問２	
問３	①	②	
問４			
問５			

5

問１		問２		問３	
問４	人	問５			

（注）この解答用紙は実物を縮小してあります。Ａ３用紙に145％拡大コピーすると、ほぼ実物大で使用できます。（タイトルと配点表は含みません）

〔社　会〕50点(学校配点)

1　問１，問２　各２点×２　問３　各１点×２　問４，問５　各２点×２　2　問１，問２　各２点×２　問３①　１点　②　２点　問４①　１点　２点　3　各２点×５　4　問１，問２　各２点×２　問３　各１点×２　問４，問５　各２点×２　5　各２点×５

2023年度　　東京家政大学附属女子中学校　第２回

理科解答用紙　No. 1

番号		氏名	

評点	／50

1

問1	
問2	計算　　答え
問3	計算　　答え
問4	。
問5	
問6	。
問7	と
問8	

2

問1	℃
問2	。
問3	
問4	
問5	
問6	。
問7	氷：　　湯気：

3

問1	
問2	
問3	
問4	。
問5	

（注）この解答用紙は実物を縮小してあります。Ａ３用紙に160％拡大コピーすると、ほぼ実物大で使用できます。（タイトルと配点表は含みません）

理科解答用紙　No. 2

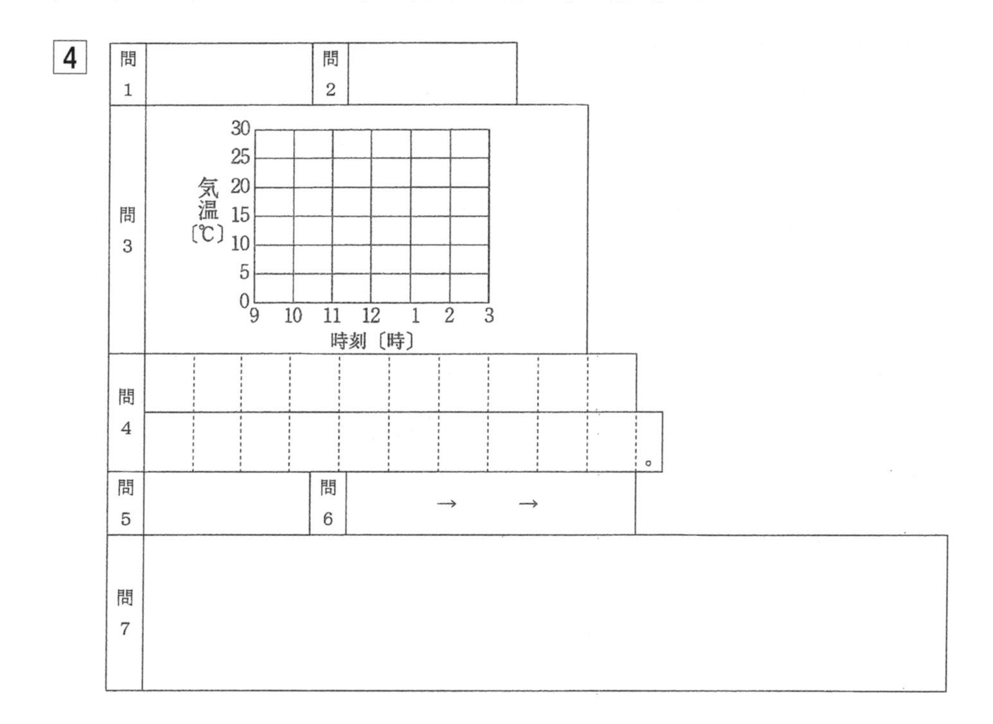

〔理　科〕50点(推定配点)

（注）この解答用紙は実物を縮小してあります。Ａ３用紙に160%拡大コピーすると、ほぼ実物大で使用できます。（タイトルと配点表は含みません）

1 問１　１点　問２～問４　各２点×３　問５　１点　問６，問７　各２点×２　問８　１点　2 問１　１点　問２～問５　各２点×４　問６　１点(理由は２点)　問７　２点<完答>　3 問１～問３　各２点×３　問４　１点(理由は２点)　問５　２点　4 問１，問２　各１点×２　問３～問７　各２点×５

2023年度　東京家政大学附属女子中学校　第１回

英語解答用紙

番号		氏名	

評点	／70

1

No.1		No.2		No.3		No.4	

2

No.1		No.2		No.3		No.4	

3

No. 1		No.2		No.3		No.4	

4

(1)		(2)		(3)		(4)		(5)	

5

(1)		(2)		(3)	

6

(1)	Tom ....
(2)	Lucy ....

（注）この解答用紙は実物を縮小してあります。Ａ４用紙に112％拡大コピーすると、ほぼ実物大で使用できます。（タイトルと配点表は含みません）

〔英　語〕70点(推定配点)

1～5　各３点×20　6　各５点×２

二〇二三年度　東京家政大学附属女子中学校　第二回

国語解答用紙

番号　　氏名　　評点　／100

一

問一
問二
問三　a　b
問四　10
問五
問六
問七　10　20　30　こと。
問八
問九

二

問一　A　B
問二
問三
問四　10　20　30　40　から。
問五　a　b　c　10
問六
問七　X　Y
問八　ⓐ（ほり）　ⓑ　ⓒ　ⓓ　ⓔ（まわり）

三

問一　1　2　3　4　5
問二　1　2　3　4　5

（注）この解答用紙は実物を縮小してあります。168%拡大コピーすると、ほぼ実物大で使用できます。（タイトルと配点表は含みません）

〔国　語〕100点(学校配点)

一　問1～問3　各3点×4　問4　4点　問5，問6　各3点×2　問7　6点　問8　3点　問9　4点

二　問1　各2点×2　問2，問3　各3点×2　問4　6点　問5　各3点×3　問6　4点　問7　各3点×2　問8　各2点×5　三　各2点×10

2022年度　東京家政大学附属女子中学校　第2回

算数解答用紙

番号		氏名		評点	／100

1

①(答)	②(答)	③(答)
④(答)	⑤(答)	⑥(答)

2

①(途中式)　(答)

②(途中式)　(答)　通り

③(途中式)　(答)　円

④(途中式)　(答)毎秒　m

3

①(途中式)　(答)　歳

②(途中式)　(答)　試合

③(途中式)　(答)　分

④(途中式)　(答)　cm

4

①(途中式)　(答)　度

②(途中式)　(答)　cm

③(途中式)　(答)　cm

④(途中式)　(答)　cm^3

5

①(途中式)　(答)A:　勝　負　引分　E:　勝　負　引分

②(途中式)　(答)　勝　負　引分

〔注意事項〕
- 解答はすべて解答用紙の定められた(答)の欄に記入しなさい。
- 解答用紙の2～5には(途中式)の欄があります。(途中式)の欄は考え方や計算を書くのに利用して下さい。

(注) この解答用紙は実物を縮小してあります。A3用紙に165%拡大コピーすると、ほぼ実物大で使用できます。(タイトルと配点表は含みません)

〔算　数〕100点(推定配点)

1～5　各5点×20

2022年度　東京家政大学附属女子中学校　第2回

社会解答用紙

番号		氏名		評点	／50

1

問1		問2	km	問3	
問4		問5			

2

問1		問2	
問3			
問4	→ →	問5	

3

問1		問2		問3	
問4					
問5					

4

問1		問2	
問3	X	Y	
問4			
問5			

5

問1		問2		問3	
問4					
問5					

（注）この解答用紙は実物を縮小してあります。000%拡大コピーすると、ほぼ実物大で使用できます。（タイトルと配点表は含みません）

〔社　会〕50点(学校配点)

1 各2点×5　2 各2点×5　3 各2点×5　4 問1，問2　各2点×2　問3　各1点×2　問4，問5　各2点×2　5 各2点×5

2022年度　東京家政大学附属女子中学校　第2回

理科解答用紙

番号		氏名	

評点	／50

1

問1　と

問2　。

問3　秒　問4　問5　問6

問7　計算　答え　g

問8　と

2

問1　℃　問2　問3

問4　。

問5　と　問6

3

問1　問2

問3　。

問4　問5　問6　問7

4

問1　問2　問3　問4

問5　問6

（注）この解答用紙は実物を縮小してあります。182%拡大コピーすると、ほぼ実物大で使用できます。（タイトルと配点表は含みません）

〔理　科〕50点（学校配点）

1　問1～問3　各2点×3　問4，問5　各1点×2　問6～問8　各2点×3　2　各2点×6　3　問1～問5　各2点×5　問6，問7　各1点×2　4　各2点×6＜2　問6は完答＞

2022年度　東京家政大学附属女子中学校　第１回

英語解答用紙

番号		氏名		評点	／70

1

No.1		No.2		No.3		No.4	

2

No.1		No.2		No.3		No.4	

3

No. 1		No.2		No.3		No.4	

4

(1)		(2)		(3)		(4)		(5)	

5

(1)		(2)		(3)	

6

(1)	Tom ....
(2)	Lucy ....

（注）この解答用紙は実物を縮小してあります。A４用紙に106％拡大コピーすると、ほぼ実物大で使用できます。（タイトルと配点表は含みません）

〔英　語〕70点（学校配点）

1～5　各３点×20　6　各５点×２

二〇二三年度　東京家政大学附属女子中学校　第二回

国語解答用紙

番号　　氏名　　評点　／100

一

問一　a　b

問二

問三　という姿勢。

問四　10　20　30　40

問五　問六　問七

二

問一　a　b

問二　はじめ　終わり

問三　問四　問五

問六　10　20　30　40　から。

問七

問八　A　10　B

問九　ⓐ　ⓑ　（けない）　ⓒ　ⓓ　ⓔ

三

問一　1　2　3　4　5

問二　1　2　3　4　5

（注）この解答用紙は実物を縮小してあります。A3用紙に154％拡大コピーすると、ほぼ実物大で使用できます。（タイトルと配点表は含みません）

〔国　語〕100点(学校配点)

一　問1　各3点×2　問2　3点　問3　4点　問4　6点　問5，問6　各4点×2　問7　5点　二　問1　各3点×2　問2　4点　問3～問5　各3点×3　問6　6点　問7　4点　問8　A　4点　B　5点　問9　各2点×5　三　各2点×10

適性検査Ⅱ解答用紙

番号		氏名		評点	／100

1

問1

〔年〕

年

〔ももかさんが生まれた曜日〕

〔途中式〕

〔答〕

曜日

問2

問3

①　②

〔理由〕

2

問1

という問題点があります。

問2

ということがわかります。

問3

130

150

適性検査Ⅱ解答用紙

3

問1

問2

問3

（3）　（4）

問4

（注）この解答用紙は実物を縮小してあります。Ａ３用紙に159％拡大コピーすると、ほぼ実物大で使用できます。（タイトルと配点表は含みません）

〔適性検査Ⅱ〕100点（推定配点）

1　問１　各５点×２　問２　10点　問３　各５点×３　2　各10点×３　3　問１　10点　問２，問３　各５点×３　問４　10点

二〇二二年度　東京家政大学附属女子中学校　第四回適性検査Ⅰ

適性検査Ⅰ解答用紙

番号		氏名		評点	/100

1

問一

問二

問三

300

400

（注）この解答用紙は実物を縮小してあります。Ａ３用紙に165％拡大コピーすると、ほぼ実物大で使用できます。（タイトルと配点表は含みません）

〔適性検査Ⅰ〕100点（推定配点）

1　問１　30点　問２　10点　問３　60点

Memo

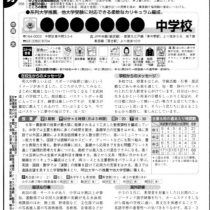